애슐리 브롬 지음

애슐리 브롬은 매사추세츠 주 하트필드 출신의 타고난 식도락가다. 펜을 쥐고 컴퓨터 앞에 앉을 수 있는 나이부터 글을 쓰기 시작했는데, 어릴 때부터 지금까지 요리에 관한 글을 쓰는 게 가장 즐거우며, 건강에도 좋고 맛도 훌륭한 레시피를 만드는 데 자부심을 느낀다. 지금은 텍사스 주 오스틴에서 약혼자와 구조견, 두 마리의 고양이와 살고 있고 맛있는 요리와 즐거운 식사법에 관해 한 웹사이트(ForkingUp.com)에서 글을 쓰고 있다.

루시 앤젤맨 그림

고전적인 작품을 즐겨 그리는 일러스트레이터. 그녀가 표현하는 섬세한 선은 있는 보는 이의 마음을 사로잡기 충분하다. 미시간대학을 졸업했고 보나페티, 웨스트 엘름, 파타고니아, 러너스 월드 등 분야를 가리지 않고 여러 숍과 회사에서 경력을 쌓았다. 지금은 콜렉티브 쿼터리에서 삽화가로 일하고 있다.

신용우 옮김

숭실대학교 영어영문학과를 졸업하고 성균관대학교 대학원에서 번역을 전공했다. 번역한 책으로는 《기네스 세계기록 2018》《우리는 실패하지 않았다》 등이 있으며, 그 외에도 IPTV와 공중파에 방영된 영화와 다큐멘터리를 다수 번역했다.

우아하게
랍스터를 먹는 법

HOW TO EAT A LOBSTER AND
OTHER EDIBLE ENIGMAS EXPLAINED

Copyright © 2017 by Ashley Blom
Illustrations Copyright © 2017 by Lucy Engelman
All rights reserved.
First published in English by Quirk Books, Philadelphia, Pennsylvania.

Korean language edition © 2017 by Vision B&P
Korean translation rights arranged with Quirk Books through EntersKorea Co., Ltd., Seoul, Korea.

이 책의 한국어판 저작권은 ㈜엔터스코리아를 통한 저작권사와의 독점 계약으로 비전비엔피가 소유합니다.
저작권법에 의하여 한국 내에서 보호를 받는 저작물이므로 무단전재와 무단복제를 금합니다.

애슐리 브롬 지음 루시 앤젤맨 그림 신용우 옮김

우아하게
랍스터를 먹는 법

미식가를 유혹하는
음식 교양 사전

낯선 음식을 마주한 순간,
절대 당황하지 않고
멋지게 해결하는 법!

이덴슬리벨

엄마에게

몇 년 동안 저를 도와주셔서 고마워요.

제가 처음 저녁 식사를 준비하던 날, 엄마는 제 걱정을 하시다가

정작 당신의 타코는 태워버리셨죠. 평생 잊지 못할 거예요.

사랑해요.

들어가는 말

상상해보라. 당신은 지금 고상한 사람들과 함께 있다. 아마도 비즈니스 점심 모임이거나 멋진 저녁 파티, 또는 미래에 배우자가 될 사람의 부모와 마주한 자리일 수도 있다. 그런데 갑자기 당신 앞에 통 생선이 얹힌 접시가 놓인다. 어쩌면 돼지족발 요리가 나올 수도 있다. 또 젓가락이나 빵 한 덩이가 식사용 도구로 주어졌을 수도 있다. 이런 상황에 잘 준비되어 있는가? 어떻게 해야 할지 알고 있는가 말이다. 아니면 잠깐 자리를 비우겠다고 양해를 구하고 겉옷 보관소로 탈출해선 미친 듯이 휴대전화를 꺼내 들고 어떻게 해야 적절하고 예의 바르게 이 예상치 못한 식사 시간을 보낼 수 있을지 폭풍 검색할 것인가?

솔직히 말해, 잠깐 자리를 비울 때 당신이 어떤 식으로 양해를 구하면 되는지나 알까 모르겠다. 그런 거에도 다 에티켓이 있는데 말이다. 그런데 겉옷 보관표는 어디다 뒀는지? 일단 모든 것을 멈춰라. 휴대전화는 치워놓고 이 책을 펴자. 이어지는 팁과 기교들은 단계별로 이런 음식 관련 문제들과 궁금증에 대해 우아하고 침착하게 해결책을 제시해

줄 것이다.

이제 음식이 당신을 뚫어지게 쳐다보고 있는 것만 같거나 직접 식사를 차려야 할 때, 당신은 무엇을 어떻게 해야 하는지 알게 될 거다.

들어가는 말 • 5

잘 먹는 기술

통 생선 먹는 법 • 10 랍스터 먹는 법 • 16 민물 가재 먹는 법 • 24 생굴 먹는 법 • 30 달팽이 먹는 법 • 34 곤충 먹는 법 • 38 아스파라거스 먹는 법 • 42 아티초크 먹는 법 • 46 아보카도 자르는 법 • 50 코코넛 쪼개는 법 • 56 잘 익은 과일 고르는 법 • 62 에다마메 먹는 법 • 66 콜라비 먹는 법 • 70 망고 자르는 법 • 74 파파야 먹는 법 • 78 석류 먹는 법 • 82 람부탄 먹는 법 • 86 금귤 먹는 법 • 90 견과류 먹는 법 • 94 두리안 먹는 법 • 102 닭고기 자르는 법 • 106 메추라기 먹는 법 • 112 서양식 족발 먹는 법 • 116 돼지머리 먹는 법 • 120

수수께끼 같은 에티켓

올바른 포크 사용법 • 126 젓가락 사용법 • 132 치즈 맛보는 법 • 136 누들 먹는 법 • 142 수프 먹는 법 • 146 와인 잔 드는 법 • 150 와인 마시는 법 • 154 건배하는 법 • 158 차 마시는 법 • 164 빵을 식기로 사용하는 법 • 168 스시 먹는 법 • 172 팁 주는 법 • 178 누가 계산할지 정하는 법 • 182 메뉴판 보고 주문하는 법 • 186 테이블에서 양해 구하는 법 • 192

음식 편애하기

매운 음식 먹는 법 • 198 엉성한 음식 먹는 법 • 202 술 마시는 속도 조절하는 법 • 206 바비큐 파티에서 채식하는 법 • 210 파티에서 다이어트하는 법 • 214 입 냄새 고치는 법 • 218 콩 다루는 법 • 222 싫어하는 음식 맛보는 법 • 226 데인 혀 치료법 • 230 음식 다시 받는 법 • 234 목이 막혔을 때 혼자 대처하는 법 • 238

잘 먹는 기술

· 통 생선 먹는 법 ·

저녁 식사에 웬 머리 달린 음식이? 생선과 눈싸움만 하지 말고 이 방법을 따라 해 보자. 통 생선은 번거롭긴 해도 맛의 한 방이 있는 음식이다.

필요한 것

통째로 요리된 생선, 칼(생선용 칼이 좋으나 아니면 작고 날카로운 칼도 됨), 포크와 숟가락

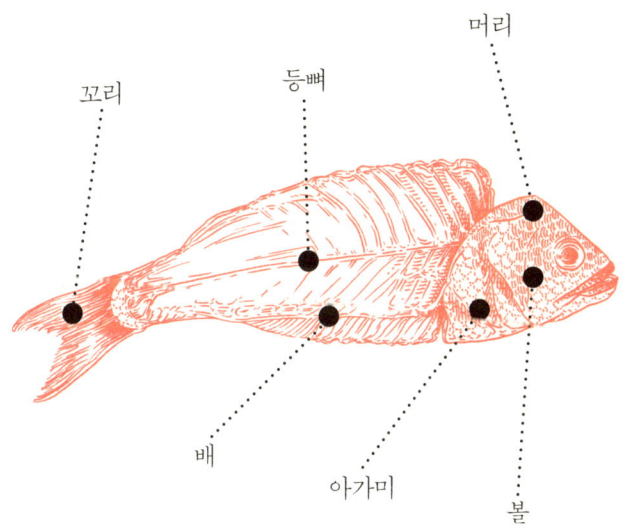

> **1단계**

정어리 같은 작은 생선은 뼈도 먹을 수 있으니 통째로 먹으면 된다. 청어 절임 같은 음식도 숙성 과정에서 뼈가 부드러워져 그냥 먹을 수 있다. 하지만 커다란 생선과 마주하게 되면 2단계로 가자.

> **2단계**

칼로 머리 아래에 칼집을 낸다. 아가미를 따라서 등뼈에 닿을 때까지 자르자. 두 번째 칼집은 꼬리지느러미 바로 앞에 내는데, 마찬가지로 등뼈에 닿을 때까지만 낸다.

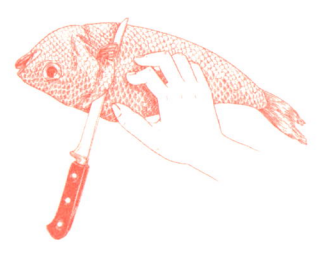

3단계

등뼈 바로 아래 칼을 넣어 배를 따라 옆으로 자른다.

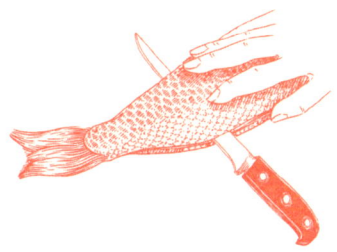

4단계

칼이나 포크로 뼈 위의 살고기를 떼어내자. 등에서 배 쪽으로 발라낸다.

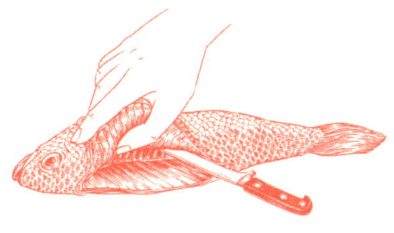

5단계

꼬리를 들어 등뼈를 몸통에서 떼어내자. 남은 살코기에 붙은 가시는 칼을 이용해 제거한다.

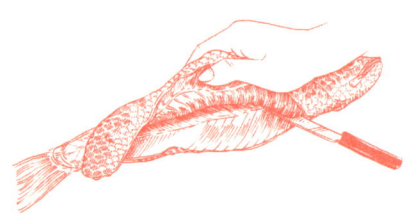

6단계

이제 접시에는 뼈 없는 살코기만 남았다. 머리와 꼬리는 그냥 버려도 되고, 붙어 있는 살점들을 떼어내도 된다. 해산물 미식가들은 생선 볼살을 적극 추천한다.

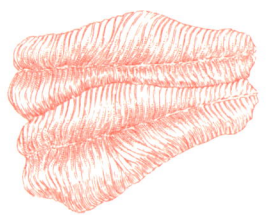

> **팁**

다른 방법: 잘 익은 생선살은 뼈에서 쉽게 떨어진다. 지저분해져도 상관없다면, 그냥 포크로 살만 떼어 먹자.

"놓친 고기가 언제나 제일 큰 법이다."

- 유진 필드

> **생선 먹을 때 알아두기!**
>
> 통 생선은 다양한 문화권과 레스토랑에서 인기 있는 요리다. 주로 국이나 절임, 구이로 나온다. 운이 좋으면 메뉴에 생선이 통으로 나온다고 적혀 있기도 하다.

랍스터 먹는 법

한때 랍스터는 가난한 사람들의 음식으로 여겨졌지만, 이제는 부자나 유명인들의 식탁에 품격을 더하거나 평범한 사람들이 특별한 날 즐기는 음식이 됐다. 자, 이 바다 밑에 사는 녀석을 손쉽게 해체하는 방법을 알아보자.

필요한 것

통째로 요리된 랍스터 한 마리, 랍스터 크래커(껍질 까는 도구), 견과류 까개나 가위(껍데기가 부드럽다면 필요 없을 수도 있다), 껍질을 버릴 그릇, 랍스터가 그려진 비닐 턱받이(필수), 랍스터용 포크(선택), 찍어 먹을 버터(선택)

1단계

먹을 수 있는 랍스터의 부위를 알아보자.

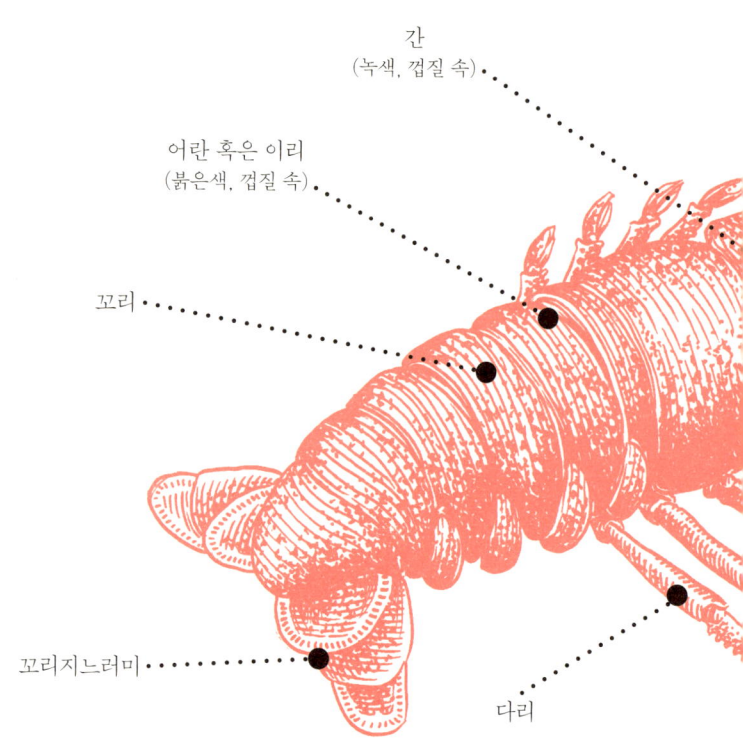

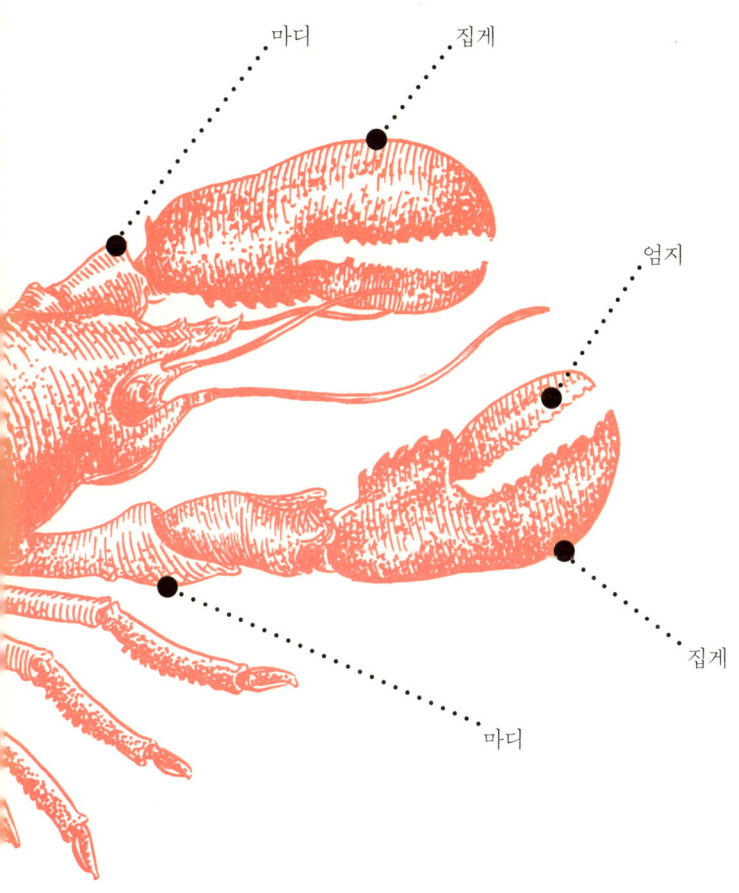

2단계

꼬리를 잡고 가볍게 비틀어 몸에서 떼어낸다.

3단계

꼬리 끝에 있는 지느러미를 떼어내고 구멍에 손가락이나 랍스터용 포크를 넣어 살점을 반대쪽으로 밀어낸다. 빈껍데기는 통에 버린다.

4단계

꼬리 쪽을 지나는 짙은 회색의 내장(소화관)을 찾는다. 먹어도 안전하지만 맛은 없으니 제거하자.

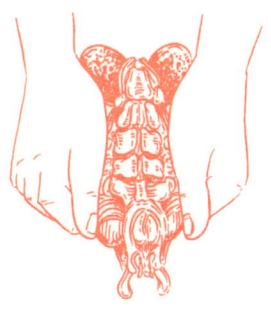

5단계

집게발이 달린 마디를 비틀어 뗀다. 각각의 집게발에서 엄지를 떼어내 버리자. 살은 대부분 남은 집게에 있다.

> 6단계

랍스터 크래커를 이용해 집게의 끝 3분의 1지점을 부순다. 랍스터용 포크를 써서 살점을 빼낸다. 살점을 버터에 찍어 게걸스럽게 먹는다.

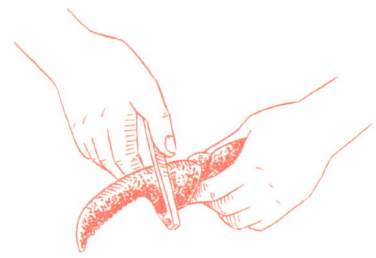

이쯤에서 멈춰도 되지만 진정한 랍스터 마니아라면 녀석의 몸통까지 공략할 줄 알아야 한다.

> 7단계

손으로 몸통의 껍질을 벗겨내자. 이 부분은 대체로 쉽게 떨어진다.

> 8단계

랍스터 몸속에 있는 아가미 사이에 하얀 살점이 조금 붙어 있다. 작은 포크나 집게로 조심해서 떼어내자.

> 9단계

이제 새빨간 어란을 찾아보자. 암컷에게만 있는데, 애호가들은 별미로 여긴다.

> 10단계

마지막으로, 때가 됐다고 느껴지면 간(토말리)을 파내보자. 간은 해독 작용을 하는 부위라 먹는 걸 항상 추천하지는 않지만, 마니아들은 단연 최고라고 주장하는 부위다. 숟가락 가득 떠먹어도 되고, 크로스티니(짭짤한 토핑으로 구운 빵)에 곁들여 먹어도 된다.

랍스터 먹을 때 알아두기!

랍스터는 해안 지역에서는 가장 흔한 음식이다. 신선하게 이용할 수 있는 식재료이기 때문이다. 가장 쉽게 볼 수 있는 건 메인 랍스터인데, 앞서 그림처럼 큰 집게와 꼬리가 특징이다. 따뜻한 바닷물에 서식하는 록 랍스터는 집게가 크지 않아 보통 꼬리만 요리되어 나온다. 랍스터는 찌거나 삶는데, 간혹 빵가루를 덮거나 다른 해산물(주로 게)과 함께 나오기도 한다.

• 민물 가재 먹는 법 •

민물 가재로 불리는 이 작고 맛있는 갑각류는 랍스터 새끼처럼 생겼다. 주로 케이준 소스를 듬뿍 부어 삶는데, 남부 출신 집주인이 당신 앞에 산더미처럼 쌓아 놓더라도 당황할 필요는 없다. 껍질은 생각보다 벗기기 쉬우니까.

필요한 것

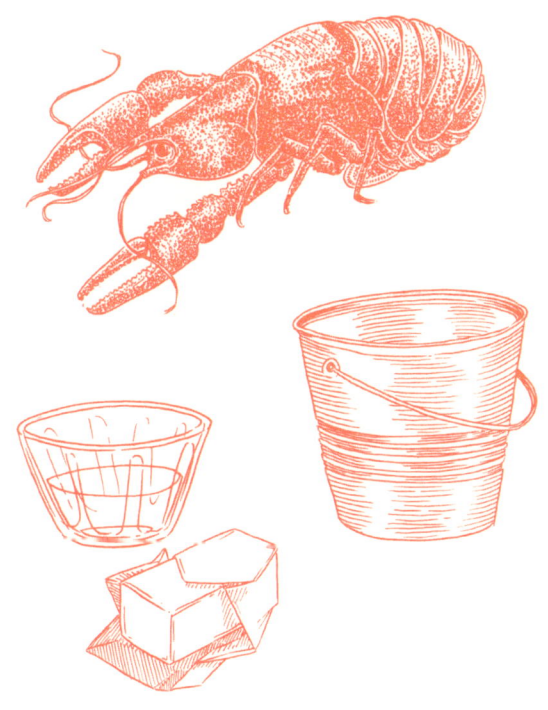

민물 가재, 껍질을 담을 통, 버터나 레물라드 소스(선택)

1단계

한 손으로 민물 가재의 머리를 꽉 잡는다. 다른 손으론 꼬리와 몸이 만나는 지점을 잡는다.

2단계

꼬리를 비틀어 당겨 몸에서 뗀다. 비위가 좋다면 머리를 버리기 전에 그 안에 있는 육즙을 마셔도 좋다(28쪽 "민물 가재 먹을 때 알아두기" 참조).

3단계

꼬리지느러미를 떼어내고 내장을 제거한다. 검은 실 같은 소화기관은 쉽게 뗄 수 있다.

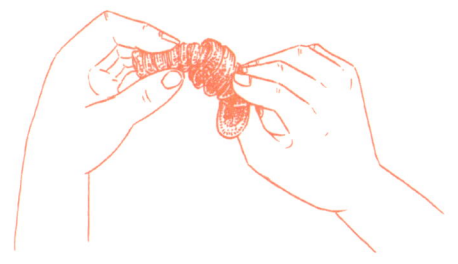

4단계

엄지와 검지를 이용해 큰 껍질 마디 두세 개를 떼어낸 다음, 꼬리에 드러난 살점을 빼낸다. (취향껏) 버터에 찍어 맛있게 먹는다.

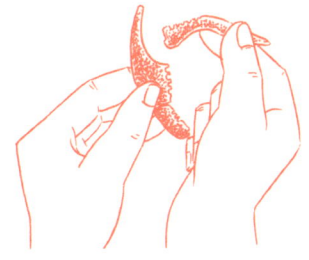

> **팁**

민물 가재는 크기가 클수록 집게의 살도 많다. 손으로 껍질 가운데를 부수거나 치아로 깨보자. 작은 포크나 가재 껍질을 도구로 써 살점을 빼내면 된다.

민물 가재 먹을 때 알아두기!

민물 가재는 깨끗한 물에 산다. 미국 남부에 주로 서식하며 특히 루이지애나 주에 많다. 당신을 초대한 사람이 매운 음식을 좋아한다면 가재 머리에 육즙 대신 케이준 소스가 가득할 수도 있다. 매운 음식에 자신이 없다면 이 단계는 건너뛰도록 하자.

· 생굴 먹는 법 ·

그렇다. 굴은 보통 생으로 먹는다. 뚜껑이 열린 채로 얼음 침대에 다소곳이 누워 소스와 함께 식탁에 올라온다. 껍데기 안에 맺힌 물기로 온몸이 촉촉하게 젖어 있다. 여기 나오는 먹는 법을 잘 익혀 친구들에게 멋진 모습을 보여주자.

필요한 것

뚜껑을 딴 굴, 굴 포크, 레몬조각, 겨자, 매운 소스나 양파 식초 같은 소스들(선택)

1단계

굴을 시킨다. 낱개로 주문할 수도 있고 12개, 6개씩 팔기도 한다.

2단계

전용 포크를 이용해 껍질에서 알맹이를 조심스럽게 들어 올린다. 이때 육즙을 흘리지 않게 조심해야 한다.

3단계

처음에는 소스를 곁들이지 말고 먹어보자. 온전한 굴 향을 느껴본 후에 어떤 맛을 더할지 정하자.

4단계

굴이 담긴 껍질을 입술에 대고 즙과 함께 모두 입에 넣는다.

> **5단계**

굴 전문가와 미식가들은 굴이 지닌 모든 풍미를 느끼기 위해서는 여러 번 씹어야 한다고 말한다. 그러나 평소 낯선 질감을 좋아하지 않는다면 한 번에 삼키는 것도 나쁘지 않다.

굴 먹을 때 알아두기!

평소 "철자에 R이 들어간 달(November, December 등)에만 굴을 먹어라"라는 조언을 들어본 적이 있겠지만, 요즘에는 양식 기술이 발전해 사계절 내내 안전하게 먹을 수 있다. 단, 자연 산란주기로 인해 봄에 나는 굴이 가장 맛있다. 굴을 사서 가정에서 즐길 계획이라면 손으로 들어 보고 무거운 걸 고르자.

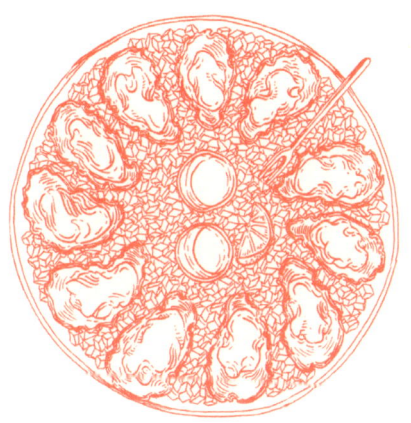

• 달팽이 먹는 법 •

교양 있는 프랑스 문화를 제대로 느끼려면 이 나선형 껍데기 안에 있는 섬세한 음식을 즐길 줄 알아야 한다.

필요한 것

에스카르고(요리한 달팽이), 전용 집게, 전용 포크, 버터나 소스(선택)

1단계

오른손잡이라면 왼손을 이용해 전용 집게로 달팽이 껍질을 하나 든다.

2단계

오른손에 포크를 잡고 살점을 찍어 껍질에서 빼낸다.

3단계

버터나 다른 소스에 달팽이를 취향껏 찍는다. 한입 가득 먹는다. 베어 먹지 말 것!

팁

에스카르고 전용 접시에는 껍질을 담는 공간이 따로 마련되어 있다. 버터나 소스가 발라져서 나오는 경우도 있지만,

그릇에 따로 나오기도 한다. 전용 집게나 포크가 나오지 않으면 냅킨을 이용해 껍질을 들고(절대 맨손으로 집으면 안 된다!) 일반 포크로 살을 빼내면 된다.

> **달팽이 먹을 때 알아두기!**
>
> 달팽이는 일 년 내내 신선하게 먹을 수 있다. 보통은 삶거나 오븐 혹은 석쇠에 구워 식탁에 오른다. 인류는 역사적으로 수천 년 전부터 달팽이를 먹어 왔다. 고대 로마인들이 사랑한 음식이고, 선사시대에 먹었던 흔적도 남아 있다. 참고로 식용 달팽이의 종류는 무려 100가지가 넘는다!

· 곤충 먹는 법 ·

미국에서 볼 수 있는 식용 곤충은 보통 개미나 귀뚜라미 정도지만, 다른 나라에서는 딱정벌레나 커다란 독거미가 접시 한가득 나오기도 한다. 한번 도전해 보자! 그냥 단백질일 뿐이니까.

필요한 것

개미나 귀뚜라미, 딱정벌레나 독거미 같은 식용 곤충

1단계

뽀족한 다리나 침, 턱 등을 제거한다.

2단계

곤충이 살아있으면 치아로 머리를 과감히 제거하자. 그래야 입안에서 발버둥 칠 일이 없을 테니까.

3단계

곤충을 통째로 입에 넣고, 꼭꼭 씹는다.

팁

준비가 중요하다. 살아있는 귀뚜라미를 씹는 생각만 해도 온몸에 닭살이 돋는다면, 평소 즐겨 먹는 양념으로 요리해 먹어 보자. 예를 들자면 초콜릿이 묻어 있는 개미나 조미료를 첨가한 지렁이도 있다. 무난한 맛으로 시작하고 싶다면 귀뚜라미를 추천한다. 귀뚜라미는 쉽게 구할 수 있는 고단백 식품이다.

곤충을 먹을 때 알아두기!

인류는 수천 년 전부터 곤충을 먹어왔다. 전 세계, 특히 열대 지역에서는 매일 먹는 음식이기도 하다. 서양의 식당에는 아직 많은 메뉴가 자리 잡지 못했지만, 곤충은 단백질과 비타민, 미네랄이 풍부한 식품이다. 또, 곤충을 기르는 농장은 덩치 큰 가축을 사육하는 축사보다 환경에 주는 부담도 적다. 게다가 곤충은 맛도 있다!

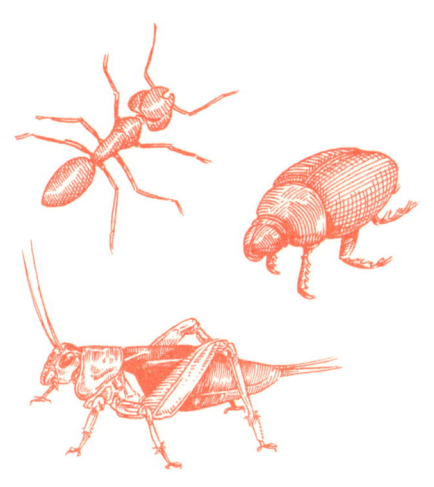

유럽식량농업기구(FAO)에 따르면 '식충성(entomophagy, 곤충을 식량으로 먹는 경향)'은 전 세계 20억 명 이상에게 일상의 일부로 자리 잡았다.

| · 아스파라거스 먹는 법 · |

이 채소를 먹는 방법은 두 가지다. 손으로 먹거나, 도구를 사용하거나. 호스트의 방식에 따르도록 하자.

필요한 것

요리한 아스파라거스 줄기, 나이프, 포크, 찍어 먹을 소스, 먹고 남은 부분을 버릴 접시(선택)

현대적인 방법

기다란 줄기가 접시에 그대로 나오면 소가 풀을 씹는 모습처럼 보이지 않게 먹는 방법이 궁금해지기 마련이다.

1단계

줄기의 적당한 곳을 포크로 찌른다.

2단계

나이프를 이용해 한입 크기로 자른다. 줄기의 밑 부분이 질기거나 단단하면 접시 구석에 치워두자. 먹지 말 것.

3단계

줄기 한 조각을 포크로 찍어 함께 나온 소스에 담근다. 그리고 먹는다.

옛날 방법

빅토리아 시대의 상류사회에서는 아스파라거스를 핑거 푸드로 여겼다. 당신이 시간 여행을 할 일이 생겼거나 아스파라거스가 막돼먹은 접시에 담겨 나왔다면 다음 방법을 따라해 보자.

1단계

줄기를 집는다. 한 번에 하나씩, 밑 부분을 잡는다. 반드시 손가락만 이용한다.

2단계

함께 나온 소스에 아스파라거스를 찍어 위에서 아래로 먹는다(빅토리아 시대의 숙녀들은 당연히 소스를 여러 번 찍는 걸 좋아하지 않았다).

3단계

먹다 남은 질긴 밑단은 다른 곳에 놓는다.

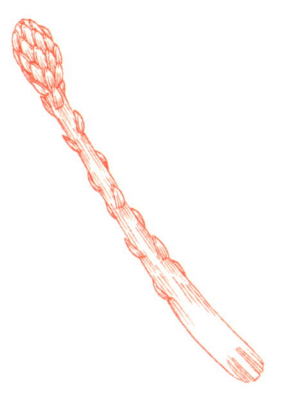

아스파라거스는 숙취에 좋은 아미노산의 일종인 아스파라긴을
처음 발견한 채소에서 붙은 이름으로,
미국과 유럽 등지에서 샐러드용으로 먹는 고급 채소다.

• 아티초크 먹는 법 •

어떤 사람은 아티초크가 버터를 한 접시나 같이 비워도 군소리를 듣지 않는 완벽한 음식이라고 한다. 그러나 또 다른 이는 말한다. "어떻게 이딴 걸 먹을 수 있어?"

필요한 것

요리된 아티초크, 레몬이나 아이올리 소스가 가미된 약간의 버터

1단계

아티초크 각각의 잎끝에 가시가 있는지 확인한다. 대개 요리하기 전에 제거하지만, 남아 있다면 조심히 처리한다.

2단계

아티초크 봉오리의 아래쪽 잎부터 부드럽게 하나씩 떼어낸다. 알맞게 익은 아티초크는 잎이 쉽게 떨어진다.

3단계

잎의 윗부분을 잡고 버터에 3분의 2 정도 푹 담근다.

4단계

잎의 바깥쪽은 질기니 한입에 먹으면 안 된다. 치아를 사용해 안쪽의 부드럽고 신선한 면을 긁어먹는다. 남은 잎은 버린다.

> **5단계**

같은 방법으로 남은 잎들을 먹는다. 안쪽에는 덜 자란 잎들이 있다. 숟가락이나 포크로 떼버리자.

> **6단계**

마침내 순한 잎들로 가득한 아티초크의 중심부에 다다랐다. 여기는 한입 가득 베어 먹는다. 물론 버터를 듬뿍 찍어야 한다.

아티초크 먹을 때 알아두기!

언뜻 보면 연꽃이 떠오르는, 생소한 모양의 이 채소는 5월에서 6월이 제철이며 바닷가 근처에서 자란다.

아티초크는 엉겅퀴과 다년초로 꽃봉오리는 먹을 수 있으며
육질이 연하고 맛이 담백할 뿐 아니라 영양가도 풍부하다.

• 아보카도 자르는 법 •

부드러운 견과류 향에 부드럽고 풍미 가득한 과육을 가진 아보카도는 맛과 영양의 진정한 보고다. 비타민 K와 섬유질, 몸에 좋은 지방이 가득하다.

필요한 것

아보카도, 잘 드는 칼, 도마 혹은 조리대, 숟가락(선택)

1단계

날이 예리한 칼로 아보카도를 세로로 자른다(단, 톱니로 된 칼은 쓰면 안 된다). 날이 가운데 있는 씨앗에 닿으면 그대로 멈춘다. 그 상태로 아보카도를 손에 쥐고 칼날을 따라 씨를 동그랗게 돌려 반으로 자른다.

2단계

칼을 빼낸 다음, 칼집이 난 양쪽을 잡고 반대 방향으로 비튼다. 그럼 아보카도가 반으로 분리되며 씨앗이 한쪽에 남게 된다. 씨앗이 남은 아보카도 반쪽을 도마나 조리대 위에 올린다. 칼끝으로 씨앗의 가운데를 과감하게 찌른다. 칼을 빼면 씨도 따라 나온다. 만약 씨가 나오지 않고 버티면, 아래의 그림처럼 날을 옆으로 뉘여 씨에 꽂는다. 칼이 없는 손으로 아보카도를 잡고 칼에서 비틀어 씨를 빼낸다.

3단계

과육을 격자무늬로 자른다.

4단계

껍질을 반대로 뒤집으면 과육이 떨어져 나온다. 떨어지지 않는 조각이 있으면 숟가락으로 살살 떼어내자

팁

아보카도가 잘 익었는지 확인하려면 손가락으로 줄기를 조심히 떼어낸 다음 안을 살펴보면 된다. 과육이 연두색이면 먹어도 된다. 살짝 꼬집으면 과육이 쉽게 떨어진다. 줄기가 잘 떨어지지 않으면 덜 익은 거다. 아보카도를 익히는 방법은 몇 가지가 있다. 1. 햇빛이 잘 드는 창가에 둔다. 며칠 뒤면 아보카도가 익는다. 2. 갈색 봉투에 사과와 함께 담아 둔다. 봉투가 사과에서 나오는 에틸렌 가스를 가둬 아보카도의 숙성을 촉진한다. 3. 갈색 봉투에 밀가루를 넣고 아보카도를 묻는다. 3일 내로 아보카도가 익기 때문에 매일 확인해야 한다. 밀가루를 다시 사용하고 싶으면 아보카도를 씻어서 말린 뒤에 묻으면 된다. 아보카도를 꺼낸 뒤 밀가루를 채에 한 번 걸러서 쓴다.

미국에서는 슈퍼볼 경기 주간이 되면 아보카도 소비가 치솟는다. 2016년 경기 전주에는 약 2억 7,800만 개의 하스 아보카도가 판매됐다.

아보카도 먹을 때 알아두기!

아보카도는 연중 계속 만날 수 있는 재료로 그냥 먹거나 주로 샐러드에 넣어 먹는다. 푸에르테 산 아보카도는 껍질이 매끈하고 푸르지만, 하스 산 아보카도는 (당신처럼) 어둡고 거친 질감을 가지고 있다. "악어 배"라는 오래된 별명은 외모에서 비롯된 듯하다. 아보카도를 직접 재배하려면 어떻게 해야 할까? 먼저, 아보카도 씨앗 두세 곳에 구멍을 뚫고 이쑤시개를 꽂은 뒤 컵 위에 고정하고 씨가 1.2센티미터가량 잠기게 물을 채운다. 몇 주 후면 뿌리가 자라기 시작한다. 씨앗의 위쪽에 푸른 싹이 돋으면 옮겨 심으면 된다!

• 코코넛 쪼개는 법 •

당신이 좋아하는 무인도 표류 영화의 한 장면을 집에서 재현해 보자.

필요한 것

코코넛, 꼬챙이, 수건이나 행주, 나무망치, 식칼, 버터나이프, 과도

1단계

코코넛에 있는 세 개의 구멍, 일명 코코넛의 "눈"을 위로 향하게 하고 살짝 눌러 껍질이 연한 구멍 두 개를 찾는다. 꼬챙이로 그 구멍을 찌른다.

2단계

과즙을 그릇이나 병에 담아 차게 식힌다(코코넛 워터는 전해질을 많이 함유하고 있으며 맛도 좋다).

3단계

한 손으로 코코넛을 수건으로 감싸 잡는다. 나무망치를 이용해 껍데기가 깨질 때까지 코코넛을 돌려가며 강하게 내려친다.

4단계

식칼을 써서 코코넛을 반으로 자른다.

> 5단계

버터나이프로 과육을 잘라 껍질에서 분리한다. 과도를 사용해 과육에 붙어 있는 갈색 껍질을 벗기면 끝.

> 팁

야생에서는 코코넛을 어떻게 열까? 일단, 마체테 같은 날이 넓고 날카로운 칼이 필요하다. 코코넛 눈을 위로 향하게 하고 사이에 있는 이음매를 찾아 칼로 내리친다. 코코넛이 둘로 갈라지면 위와 같이 과육을 파먹을 수 있는 상태가 된다. 과즙을 마시고 싶다면, 코코넛을 완전히 가르기 전에 윗부분만 살짝 깬 다음 과즙을 먼저 따라낸다.

"모든 부정적인 생각과 무기력증, 끔찍한 일이나
세상천지 나쁜 놈마저도 한순간 잊게 하는 게 음식 한 접시다."

- 앤서니 보뎅, 《키친 컨피덴셜》

코코넛 먹을 때 알아두기!

신선한 코코넛은 일 년 내내 구할 수 있지만 10월에서 12월 사이에 나는 코코넛이 특히 좋다. 무거운 것을 고르자. 흔들어 보면 안에 과즙이 얼마나 들었는지 소리로 알 수 있다. 하지만 코코넛 눈에서 과즙이 새면 안 된다.

· 잘 익은 과일 고르는 법 ·

다음 팁들을 따라서 잘 익은 과일을 골라보자!

베리류: 밝고 선명한 색의 과일을 고른다. 흰색 혹은 녹색 점들이 보인다면 익기 전에 딴 것이기 때문에 피해야 한다. 지나치게 익은 과일은 무르거나 갈변이 생긴다.

씨 있는 과일(핵과), 망고, 아보카도류: 과일을 손에 쥐고 엄지로 살짝 눌러 본다. 겉이 약간 말랑한 느낌이 들면 익은 과일이다. 덜 익은 과일은 아주 단단하다. 너무 말랑하거나 껍질이 벗겨져 있다면 지나치게 익은 상태다.

멜론류: 주먹으로 노크해 본다. 소리가 묵직하게 울리면 익은 과일이다. 소리가 얕으면 덜 익은 과일이다. 익은 멜론은 누르면 아주 조금 말랑한 느낌이 든다. 푹신한 느낌이 들면 너무 익은 거다.

바나나와 플랜테인류: 밝은 노란색 바나나는 먹어도 된다. 간혹 녹색 점들이 약간 있는 상태를 선호하는 이들도 있다. 플랜테인류(날것으로는 먹을 수 없는 바나나처럼 생긴 열매) 과일은 녹색에서 어두운 갈색이나 검은색으로 변하는데, 색에 상관없이 먹을 수 있다.

> **팁**

자신이 사는 지역의 제철 과일을 먹도록 하자. 멀리서 오는 과일은 익기 전에 따기 때문에 덜 익은 채 가게에 진열되기도 한다.

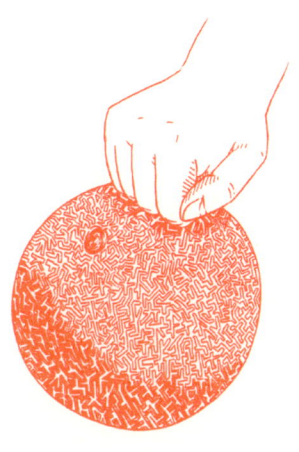

멜론은 오래 두고 먹기 위해 냉동으로 보관하며,
아이스크림이나 주스 등으로도 섭취한다.

· 에다마메 먹는 법 ·

껍질을 벗기지 않은 채로 요리하는 이 신선한 녹색 콩은 보통 솜털이 보송보송한 꼬투리에 소금이나 다른 양념이 뿌려져 나온다. 먼저, 손을 사용할 준비부터 하자.

필요한 것

요리한 에다마메 꼬투리, 냅킨, 빈 껍질을 버릴 그릇

1단계

소매를 걷는다. 필요하다면 먹고 난 뒤 손을 닦을 냅킨을 옆에 둔다.

2단계

에다마메 꼬투리를 집는다. 끝부분을 잡되 이음매 양쪽을 손가락으로 잡는다.

3단계

꼬투리를 이로 살짝 물어 열고는, 안에 있는 콩들을 입안에 밀어 넣는다. 겉에 양념이 돼 있으면 살짝 빨아 먹어 보자.

4단계

빈 꼬투리는 버린다.

에다마메 먹을 때 알아두기!

섬유질과 단백질이 풍부한 에다마메는 훌륭한 간식이자 애피타이저다. 익힌 상태로 팔기도 하고 생으로 팔기도 하는데, 쪄서 식힌 다음 먹으면 된다. 주로 이자카야에서 만나 볼 수 있는 음식.

"요즘 아이들은 에다마메는 물론 초밥도 먹을 줄 안다.
나는 열 살 때까지 표고버섯이 뭔지 몰랐지만, 요즘엔 다 안다."

- 에머릴 라가시, 《푸드 앤 와인》

• 콜라비 먹는 법 •

농산물 직판장에 가면 항상 있는 이 푸른색 뿌리채소는 셀러리와 브로콜리 그리고 양배추와 비슷한 맛이 난다.

필요한 것

콜라비 뿌리, 잘 드는 칼, 주방용 가위, 채소 껍질용 칼(선택), 채칼(선택)

1단계

잘 드는 칼로 알뿌리를 위에서 아래로 가른다. 푸른 잎은 주방용 가위로 잘라낸다(버리지 말 것. 기름에 튀기면 맛있게 먹을 수 있다).

2단계

껍질용 칼을 써서 바깥쪽 거친 껍질을 벗겨내 버린다.

3단계

단면을 땅에 대고 위에서 아래로 한 번 더 자른다. 처음 상태에서 4등분이 되는 셈이다.

4단계

칼끝으로 가운데 단단한 부분을 파서 버린다.

> 5단계

4등분 한 부분을 만돌린 채칼을 써서 성냥 혹은 디스크 두께로 얇게 썬다.

> 6단계

샐러드나 콜슬로 등 다른 뿌리채소로 할 수 있는 음식을 만들어 먹으면 된다.

콜라비 먹을 때 알아두기!

잘 익은 양배추에서 분화된 채소인 콜라비. 지역 농산물을 정기적으로 주문해 먹는다면 이 이상하게 생긴 양배추 과의 식물을 흔히 볼 수 있다. 키우기 쉽고 12주만 지나면 먹을 수 있어서 많은 농가에서 이 혈기왕성한 뿌리채소를 키운다. 요리해서 먹거나 생으로 먹을 수 있다. 잎도 먹을 수 있는데 무청과 비슷한 맛이 난다.

콜라비(kohlrabi)의 'kohl'은 양배추를 뜻하는 독일어에서,

'rabi'는 순무를 뜻하는 말에서 유래했다.

지금의 이름은 두 단어가 합쳐져 생긴 것이다.

• 망고 자르는 법 •

망고는 열매 한가운데 크고 납작한 씨가 있어 제거하는 법을 모르면 먹는 데 애를 먹을 수 있다.

필요한 것

망고, 잘 드는 칼(톱니는 안 됨), 숟가락(선택)

1단계

망고의 눈으로 불리는 꼭지 부분을 찾는다. 꼭지 안쪽에 씨가 있기 때문에 피해서 잘라야 한다. 도마 위에 꼭지가 보이게 망고를 올린다.

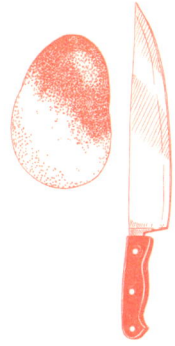

팁

껍질은 먼저 벗기면 안 된다. 망고를 처치하고 난 다음 마지막에 처리하자.

> **2단계**

꼭지 1.2센티미터 옆에 칼날을 넣는다. 씨앗의 옆을 지나 아래까지 망고를 저민다. 날이 씨앗에 닿으면 바깥쪽으로 살짝 피해준다. 망고의 다른 면도 똑같이 자른다. 이제 망고는 살이 많은 두 덩이와 씨앗이 있는 가운데 부분, 세 조각이 됐다.

> **3단계**

큰 숟가락으로 과육을 파낸다. 혹은 과육에 격자무늬로 칼집을 내고 껍질을 뒤집어 접시에 올린다. 씨앗 주변에 남은 살은 칼이나 숟가락으로 긁어낸다.

망고 먹을 때 알아두기!

망고는 일 년에 두 번 수확하지만 일 년 내내 마트에서 볼 수 있다. 다 익은 망고는 대체로 붉고 노란빛을 띠며 눌러보면 약간 말랑한 느낌이 든다. 과즙이 풍부한 이 열대과일은 그냥 먹어도 맛있지만, 스무디나 디저트, 살사 소스를 만들 때 넣어도 그만이다.

• 파파야 먹는 법 •

이국적인 과일을 음미하며 열대 지역의 맛을 느껴보자.

필요한 것

파파야, 도마, 잘 드는 칼(톱니는 안 됨), 쇠숟가락, 멜론 볼러(선택)

1단계

파파야를 도마 위에 놓고 끝을 1.2센티미터 정도 잘라낸다. 다 익은 파파야의 과육은 매우 부드러우니 조심해야 한다.

2단계

파파야를 세로로 자른다.

3단계

숟가락을 써서 씨와 주변물을 긁어낸다.

4단계

파파야를 적당한 크기로 자르고 칼로 껍질을 벗긴다. 혹은 멜론 볼러를 사용해 동그랗게 파내도 된다.

파파야 먹을 때 알아두기!

열대 과일인 파파야는 특유의 독특하고 달콤한 향이 일품이다. 열대 지역에 살고 있거나 크루즈 여행 중이 아니라면, 보통 파파야는 생으로 먹기보다 소스나 주스로 접할 기회가 더 많다. 하지만 실망할 필요는 없다. 파파야 주스는 맛도 좋고 비타민 C도 많이 함유하고 있으니까 말이다. 그래도 혹시 생과일을 접할 기회가 생기면 마음껏 즐겨보시라. 파파야는 과즙도 풍부하고 아주 달콤하다.

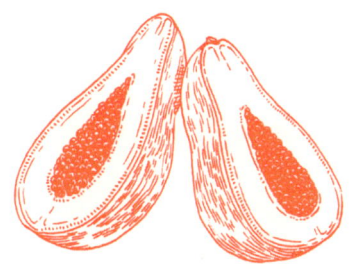

"과일을 향한 사랑보다 진실한 사랑은 없다."

- 조지 버나드 쇼

· 석류 먹는 법 ·

그리스 신화에서 페르세포네는 하데스가 준 석류 여섯 알을 먹은 탓에 겨울마다 지하세계에 갇히게 된다. 만약 그녀가 석류를 직접 손질할 줄 알았다면, 그런 불상사는 없었을지도 모른다.

> **필요한 것**

석류, 잘 드는 칼, 석류가 잠길 만한 깊이의 그릇과 물

> 1단계

칼로 석류의 양쪽 끝을 1.2센티미터 정도 잘라낸다.

> 2단계

껍질에 세로로 칼집을 낸다. 손으로 쪼갤 수 있을 만큼 깊게 내자.

> 3단계

물이 담긴 그릇에 석류를 담그고 칼집을 따라 반으로 쏘샌다.

> 4단계

하얀 심에 붙은 씨앗들을 손가락으로 떼어낸다. 씨앗은 물에 가라앉고 심은 떠오른다.

> 5단계

부산물들은 버리고 씨앗만 걸러낸다. 씨앗을 통째로 먹는다.

> **팁**

석류 씨를 냉동 보관하려면 먼저 물기를 완전히 제거해야 한다. 그 뒤 강판에 골고루 뿌려 냉동실에 넣는다. 씨앗들이 완전히 얼면, 밀폐용 봉투에 넣고 단단히 봉한 뒤 다시 사용할 때까지 냉동 보관하면 된다.

석류 먹을 때 알아두기!

석류의 장점: 달콤한 맛이 비할 데 없다. 두꺼운 껍질에 싸인 열매는 8월부터 12월까지 미국 전역에서 구할 수 있다. 비타민 C, 비타민 K, 엽산, 식이섬 섬유가 풍부하다. 석류 주스는 시중에 많이 판매되고 있어 구하기 쉽고, 과일도 별다른 손질이나 세척 없이 쉽게 즐길 수 있다. 석류의 단점: 미리 경고하는데… 흘리면 얼룩이 심하게 남는다.

석류의 열매와 껍질은 고혈압, 동맥경화 예방에 효과가 있다.
참고로 석류를 올리브유와 섞으면 변비에 좋은 오일이 된다.

람부탄 먹는 법

람부탄은 작은 고문 도구처럼 생겼지만 무서워할 필요 없다! 바늘이 말랑해 다칠 일은 없으니까. 게다가 안에 있는 과육은 부드럽고 달콤하다.

필요한 것

람부탄, 작은 과도

1단계

과도를 이용해 람부탄의 가운데 부분에 칼집을 낸다. 힘 조절을 잘해서 껍질만 잘라야 한다.

2단계

양쪽 껍질을 살짝 꼬집어 당긴다. 그러면 하얀 알맹이가 쉽게 나온다.

> **3단계**

과도를 이용해 과육의 가운데를 자른다. 씨를 발라내 버린다. 입안에 넣고 맛있게 먹는다!

> **팁**

칼로 씨를 빼내는 게 귀찮으면 열매를 입에 통째로 넣고 씨만 발라 뱉어내도 된다. 하지만 예의가 필요한 자리에선 칼을 쓰는 게 낫다.

람부탄 먹을 때 알아두기!

람부탄은 아시아에서 흔히 먹는 간식으로 보통은 과일만 먹는다. 맛과 식감이 리치와 비슷하지만 조금 더 시다. 과육으로 젤리나 샐러드, 아이스크림을 만들기도 한다. 가지에서 떨어진 람부탄은 더 익지 않으니, 색이 밝고 과즙이 새지 않는 걸 잘 골라야 한다(보통 빨갛지만, 노란 점이 섞여 있는 것도 있다).

람부탄은 말레이시아어로 '털이 있는 열매'라는 뜻.

· 금귤 먹는 법 ·

금귤은 미국, 중국, 일본에서 재배되는 작고 새콤한 감귤류의 과일이다. 작은 오렌지처럼 보이지만 껍질이 달콤해 통째로 먹을 수 있다.

> 필요한 것

신선한 금귤

> 1단계

껍질은 벗길 필요 없다. 당연한 얘기지만 깨끗이 씻자. 껍질째 먹는 과일이든 깎아 먹는 과일이든 먹기 전엔 모두 닦아야 한다.

> 2단계

금귤을 통째로 입안에 넣는다.

> 3단계

씹고, 삼키고, 즐긴다.

> **금귤 먹을 때 알아두기!**
>
> 신선한 금귤은 11월부터 6월까지 나오며, 황금색을 띤다. 단단하고 껍질에 흠이 없어야 한다. 금귤은 식초나 설탕에 절이기도 하고, 얇게 저며 샐러드에 올리기도 한다. 요리의 고명으로 사용되기도 하며 잼이나 젤리로도 만들어 먹는다. 그리고 놀라운 사실은, 금귤과 라임을 교배하면 연녹색의 시큼한 라임콰트가 나온다.

"난 식사를 가볍게 생각하는 사람들이 싫다.
모자라는 사람들이다."

- 오스카 와일드

• 견과류 먹는 법 •

견과류는 휴대가 간편하고 포만감을 주는 간식이다. 하지만 어떤 걸 망치로 깨야 하고, 어떤 걸 구워 먹어야 할지 헷갈린다. 잘 모르겠다면 다음을 살펴보자.

필요한 것

여러 가지 견과류, 견과류 까개, 망치, 넛픽(호두알을 꺼내는 뾰족한 기구), 껍질 담는 통

아몬드: 이 눈물 모양의 견과류는 전 세계에서 가장 많이 재배된다. 대개 생으로 먹거나 구워 먹는데, 통째로 먹기도 하지만 저미거나 으깨 먹기도 한다. 갈색 껍질까지 벗기고 싶으면 끓는 물에 데친 뒤 수건으로 잘 말려서 손가락으로 비벼주면 쉽게 까진다.

브라질너트: 혼합 견과류의 터줏대감인 브라질너트는 크고 달콤하며 풍미가 있다. 생으로 먹기도 하고 구워 먹기도 한다. 껍질째 팔기도 하고 알맹이만 팔기도 한다. 겉껍질은 견과류 까개로 까야 하는데, 껍질이 아주 두꺼우니 까기 전에 연장을 반드시 챙겨야 한다! 브라질너트 0.45킬로그램의 껍질을 벗기면 알맹이는 대략 $3\frac{1}{4}$컵이 나온다.

아몬드　　　브라질너트　　　캐슈

밤　　　헤이즐넛

마카다미아너트　　　땅콩　　　피칸

피스타치오　　　호두

캐슈: 이 C 모양의 견과류는 껍질에 독성이 있어 알맹이만 판다. 굽든 생으로 먹든 맛이 좋아 자꾸만 손이 가는데, 중국이나 태국 음식 등에 쓰이는 인기 있는 식재료다.

밤: 생으로 먹어도 아무 문제 없지만, 일반적으로는 굽거나 삶고 설탕에 졸여 먹는다. 물론 요리에 곁들여 먹기도 한다. 보통 질기고 단단한 껍질은 벗긴 채 식탁에 오르는데, 간혹 껍질을 반으로 갈라 알맹이를 빼기 쉽게 만든 상태로 나오기도 한다.

헤이즐넛: 개암으로도 불리는 이 견과류는 동그랗고 달콤하며 제빵에 자주 사용된다. 혼합 견과류에 생으로 들어가기도 하고, 구워서 채소 위에 곁들이기도 한다. 그리고 다들 알겠지만, 초콜릿-헤이즐넛 스프레드 '누텔라'의 재료이기도 하다.

마카다미아너트: 마카다미아는 껍질이 아주 단단해 대체로 알맹이만 빼서 굽거나 생으로 판다. 크고 흰색이며 달콤하고 풍미가 좋다. 그냥 손으로 먹기도 하지만 제빵에 사용하기도 한다.

땅콩: 굳이 분류하자면 콩과 식물이다. 하지만 시중에선 보통 견과류와 함께 판매된다. 날로나 구워서 나오는데, 껍질째(피 땅콩)로 팔거나 알 땅콩만 팔기도 한다. 겉껍질을 엄지와 검지로 잡고, 반으로 쪼갠 뒤 양쪽을 부드럽게 비틀면 땅콩이 나온다. 그걸 손가락으로 문지르면 속껍질이 쏙 벗겨진다. 0.45킬로그램의 피 땅콩을 까면 알맹이는 $2\frac{2}{3}$컵쯤 나온다.

피칸: '피칸 파이'로 유명한 피칸은 달콤하고 맛있는 요리에 곁들이면 좋다. 생으로는 잘 먹지 않는다. 먼저, 껍질을 흔들어서 소리가 나는 피칸은 버리도록 한다. 나머지를 10~15분 정도 끓는 물에 삶은 뒤 꺼내서 식힌다. 견과류 까개에 넣고 살짝 눌러 껍질을 부순다. 돌려가며 여러 방향을 부숴준다. 껍질이 자연히 떨어져 나갈 때까지 반복한다. 알맹이를 깨끗이 씻어 건조대에 24시간 잘 말린 후 먹거나 요리한다. 피칸 0.45킬로그램에서 알맹이가 약 2컵 정도 나온다.

피스타치오: 이 은은한 향의 담녹색 견과류는 명절에 많이 먹는 음식이다. 피스타치오는 대체로 구워서 판매된다. 구우면 껍질이 살짝 열리는데, 반으로 쪼개 안에 있는 알맹이

를 먹으면 된다. 껍질 틈이 좁아 손가락으로 열기 힘들면, 먹고 남은 다른 껍질을 열쇠처럼 사용해 돌려보자. 그럼 반으로 쉽게 쪼개진다. 0.45킬로그램의 피스타치오를 까면 알맹이가 $3\frac{1}{4}$컵 나온다.

호두: 호두는 알맹이만 판매하기도 한다. 오븐을 쓰는 음식에 곁들여도 맛이 좋고, 구워서 샐러드에 뿌려도 맛있다. 껍질째 있는 호두도 아주 단단하지는 않으니 용기 내 깨보도록 하자. 우선 뜨거운 물에 하루 정도 담가 부드럽게 만든다. 호두 한 알을 집어 단단한 바닥에 튀어나온 부분이 위로 향하게 놓는다. 그대로 망치로 내려치면 껍질이 쪼개진다. 넛픽으로 껍질 안쪽을 파서 알맹이를 빼내면 된다. 호두를 다룰 때는 손이 더러워질 수 있으니 조심하자. 장갑을 끼고, 덧옷을 입어라. 주변에 아이들이 없는 곳에서 작업대를 쓸 것을 권장하며, 될 수 있으면 다른 물건은 만지지 말도록 한다. 0.45킬로그램의 호두에서 알맹이가 2컵 정도 나온다.

견과류 굽기: 견과류는 구우면 향이 깊어진다. 얇은 팬에 기름을 두르지 않고 구워도 되고, 팬 위에 구이용 판을 덧대줘도 된다. 섭씨 175도 정도에서 5~10분 정도 굽는데, 타

지 않게 잘 살피면서 저어줘야 한다. 좋은 냄새가 나기 시작하면 주걱을 사용해 팬에 있는 견과류를 그릇이나 쟁반으로 옮겨 식힌다. 뜨거운 팬 위에서 시간 조절을 조금만 잘못해도 타기 십상이다.

> **팁**

대체로 껍질째 파는 견과류는 알맹이만 파는 것보다 훨씬 싸다. 껍질의 무게가 생각보다 덜 나가기 때문이다.

냉동 견과류: 껍질 유무에 상관없이 당장 먹거나 사용하지 않을 견과류는 얼려서 신선하게 보관하면 된다. 다음은 냉동 보관 가능 기간이다.

아몬드	9개월
브라질너트	9개월
캐슈	9개월
밤	9~12개월
헤이즐넛	9개월
마카다미아너트	9개월

땅콩	6개월
피칸	12개월
피스타치오	12개월
호두	12개월

견과류 먹을 때 알아두기!

모든 견과류에 적용되는 규칙이 있다. 가능한 신선한 걸 사야 한다는 거. 껍질째로 파는 견과류는 알이 굵고, 깨지거나 구멍이 없는 걸 고르자. 알맹이만 살 때는 색과 크기가 균일한 걸 고르면 된다.

• 두리안 먹는 법 •

이 갈색빛의 푸른 과일은 말레이시아가 원산지이며, 동남아시아 일대에서 "과일의 왕"으로 불린다. 가시로 뒤덮여 있는 이 과일에선 고기 썩는 악취가 진동한다. 하지만 크림처럼 부드러운 식감과 달콤한 버터 맛이 나는 과육은 그 냄새마저 싹 잊게 해준다.

필요한 것

두리안, 크고 잘 드는 칼, 도마, 숟가락

1단계

두리안을 꼭지가 아래로 향하게 해서 도마에 올린다.

2단계

큰 칼로 가운데를 위에서 아래로 잘라 손가락이 들어갈 만한 틈을 만든다.

3단계

손으로 잡고, 껍질을 반으로 가르면 안에 있는 부드러운 노란 과육이 나온다. 반으로 완전히 쪼개야 한다. 껍질이 단단해서 잘 갈라지지 않으면 칼집을 조금 더 많이 내거나, 힘센 친구에게 도와달라고 한다.

4단계

숟가락으로 과육을 덜어내 마음껏 먹자! 단단한 갈색 씨는 씹지 않게 조심해야 한다.

두리안 먹을 때 알아두기!

두리안을 거대한 과일이라고 말하는 건 절대 과장이 아니다. 무려 4.5킬로그램까지 나가기도 하니까 말이다! 미국 내에서는 아시안 상점에 가야 구할 수 있지만, 동남아시아에서는 식료품점이나 노점에서도 파는 과일이다. 만약 신선한 두리안을 샀다면 가급적 대중교통이나 사람이 많은 장소는 피하는 게 좋다.

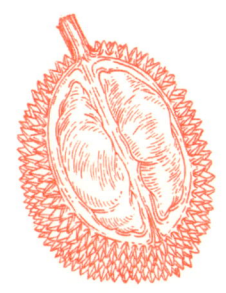

"코를 막고 이 과일을 먹으면 온몸에 퍼지는 환희에 냄새를 잊게 된다.
하지만 입에 넣기 전에 냄새를 맡으면 기절하게 될지도 모른다."

- 마크 트웨인

• 닭고기 자르는 법 •

"치킨 뼈 바를 줄 알아?" 친구들이 이렇게 물어보면 잔뜩 허세를 부려놓고 막상 치킨이 오븐에서 나올 때면 "방금 한 말 못들은 걸로 해줄래?"라고 말하고 싶었던 적이 있을 거다. 당황하지 마시라. 여기 방법이 있다.

필요한 것

구운 치킨, 큰 도마, 발골용 날카로운 칼, 큰 접시

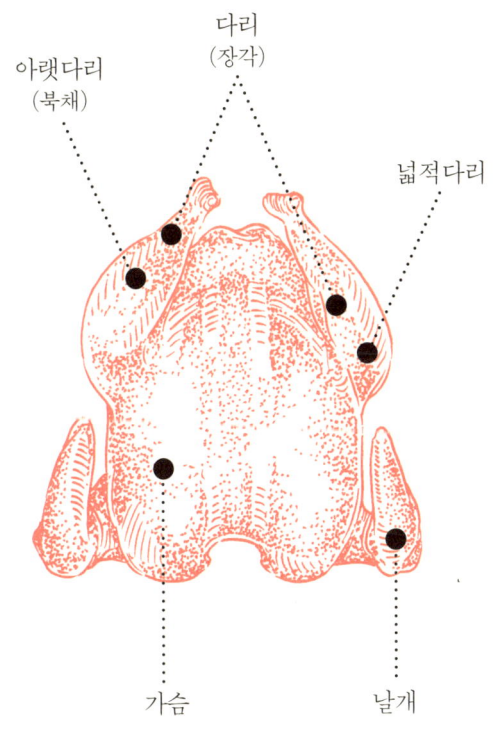

> 1단계

둥글게 솟은 가슴이 위로 올라오게 도마 위에 올린다. 오븐에서 바로 꺼냈다면, 최소 10분 이상 그대로 두고 식힌다.

> 2단계

먼저 다리 떼어내기. 한 손으로 다리를 잡고 다른 손으로 칼을 잡아 날을 넓적다리와 가슴이 만나는 부분에 댄다. 칼을 살살 움직여 넓적다리가 붙어 있는 관절을 찾는다. 날을 관절에 대고 꾹 눌러 다리를 몸에서 분리한다. 다른 쪽 다리도 같은 방법으로 한다.

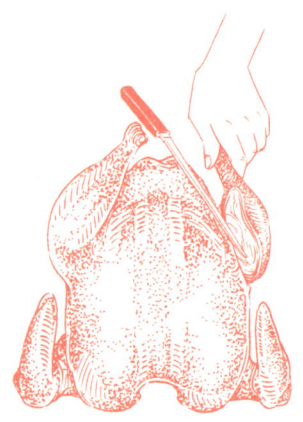

3단계

아랫다리와 넓적다리를 분리한다. 우선 두 부위가 만나는 지점에 있는 관절을 찾는다. 칼로 강하게 눌러 자르고, 다른 다리도 똑같이 반복한다. 아랫다리와 넓적다리를 큰 접시로 옮긴다.

4단계

날개를 자르자. 날개와 몸통을 연결하는 관절을 잘라 날개를 떼어낸다. 다른 쪽 날개도 잘라낸 뒤 접시에 옮겨 담는다.

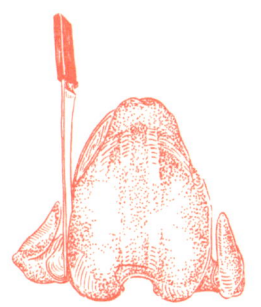

| 5단계 |

가슴살 분리하기. 닭의 가운데를 자르다가 척추가 날에 닿으면 멈춘다. 척추를 피해 양쪽 옆을 잘라 가슴살 두 쪽을 떼어낸다. 자를 때는 칼질을 한 번에 길게 한다. 고기를 원하는 두께로 자른 뒤 접시로 옮긴다.

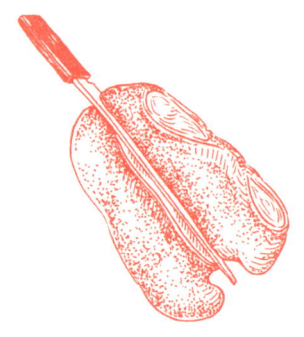

| 팁 |

남은 뼈는 버리면 안 된다! 큰 냄비에 뼈와 셀러리, 당근, 양파, 마늘, 파슬리, 통후추와 함께 넣고 재료가 다 잠길 때까지 물을 부어준다. 센 불로 끓이다가 중간 불로 낮춰 2시간 정도 고아준다. 건더기는 모두 건져내고 국물은 냉장고에

밤새 넣어둔다. 하루 뒤, 숟가락으로 기름을 퍼낸다. 남은 육수는 냉장고에 보관했다가 필요할 때 쓰면 된다.

· 메추라기 먹는 법 ·

메추라기는 앉은자리에서 닭 한 마리를 통으로 먹길 바라는 사람에게는 그야말로 꿈에 그리던 음식이다.

필요한 것

통째로 요리한 메추라기나 다른 작은 새고기, 정찬용 접시, 잘 드는 칼, 포크

도마 위에서 닭을 정리했던 것처럼 접시 위에서 메추라기를 자르면 된다(106쪽 참조). 요약하면 다음과 같다.

1단계

접시에 메추라기를 놓고 포크로 가슴 한가운데를 찔러 고정하자.

2단계

칼로 다리와 날개의 관절을 잘라 떼어낸다.

3단계

흉갑을 따라 가슴 가운데를 자른다.

4단계

척추 양쪽을 수직으로 잘라 고기를 떼어낸다.

메추라기 먹을 때 알아두기!

메추라기는 보통 통으로 나오지만, 간혹 베이컨이나 프로슈토(향신료가 많이 든 이탈리아 햄)에 싸여 나오기도 한다. 격식을 차리는 자리에 이 음식이 나왔다면 포크와 나이프를 이용해 가능한 많은 살을 발라 먹도록 하자. 하지만 편한 자리라면 손을 써서 먹어도 전혀 문제 될 게 없다. 작은 품종의 닭도 마찬가지다(포크와 나이프를 쓰는 건 더 큰 새들을 다룰 때 적합하다).

성경을 보면 하나님은 광야에서 생활하는 이스라엘 백성을 위해 메추라기를 양식으로 공급하였다.

• 서양식 족발 먹는 법 •

핫도그를 먹을 줄 안다면야 당신은 족발도 먹을 수 있다.

필요한 것

요리한 족발, 포크와 나이프, 혹은 당신의 손

족발은 크고 뚱뚱한 닭 날개라고 생각하면 된다. 잘 익은 상태의 족발은 고기가 뼈에서 쉽게 떨어진다. 따로 정해진 방법은 없으니, 먼저 주변을 살핀 뒤 다음 전략 중 하나를 선택해 먹도록 하자.

은 접시 전략: 포크와 나이프를 사용해 뼈에서 고기를 발라 먹는다.

맨손 전략: 족발을 통째로 들고 이로 뜯어 먹는다.

족발 먹을 때 알아두기!

족발에는 뼈와 힘줄이 많아 고기에 풍미를 더한다. 천천히 익혀야 고기를 자르기 쉬워지므로 브레이즈드 방식(기름에 약간 익힌 후 조림)으로 조리하거나, 삶거나 절이는 식으로 조리하며 스튜에 넣기도 한다. 족발은 발톱이 달린 채 통으로 식탁에 오를 때도 있다. 영국에서는 족발을 트로터(Trotter)라고 부른다.

"어리석은 자들은 연회를 열고, 현명한 자들은 먹는다."

- 벤저민 프랭클린

돼지머리 먹는 법

잘 먹지 않는 부위까지 낱낱이 파헤쳐 보자.

필요한 것

요리한 돼지머리, 큰 도마, 수건(선택), 포크, 단단하고 날이 잘 드는 골도

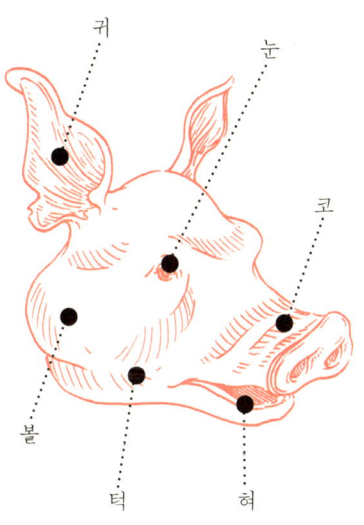

1단계

돼지머리는 대개 볼 쪽을 위쪽으로 해서 반으로 쪼개 나오거나 통째로 나온다. 혀, 코, 눈알 등 거의 모든 부분을 먹을 수 있으니 아무 데서나 시작하면 된다. 가장 살점이 많은 부위는 볼과 턱, 눈, 귀 주변이다. 먼저, 도마에 돼지머리를 올려보자(필요하면 수건으로 덮어도 된다).

2단계

귀와 머리가 연결되는 지점에 칼날을 대고 잘라낸다. 귀는 다 먹을 수 있다.

3단계

고기가 잘 익었다면 볼살은 포크만 써서 뼈에서 분리할 수 있다. 칼로 껍데기를 자르고, 살이 볼록하게 나와 있는 귀 바로 아래부터 시작한다. 머리에서 고기를 잘라낸다.

4단계

칼로 눈 밑 부분의 살을 잘라낸다. 모험을 즐기는 사람이라면, 칼을 눈구멍에 대고 눈알을 파보도록 하자.

5단계

코 주변에 칼집을 몇 번 내고 두꺼운 껍질을 벗긴다. 이 껍질도 먹을 수는 있지만 다소 질길 거다. 코의 살을 포크로 긁어낸다.

6단계

머리를 거꾸로 돌린다. 턱 주위의 고기를 포크로 긁어내고,

뼈에 붙은 살들은 칼로 자르자. 턱을 머리에서 떼어내고 혀도 자른다. 적당한 크기로 썰어 먹으면 된다.

7단계

머리에 남은 살이 없나 살핀 뒤 긁어먹는다.

팁

포크와 나이프를 이용해 가능한 많은 고기를 발라내자. 하지만 구석진 부분이나 구멍에 있는 살들은 손가락을 이용해야 하니 항상 근처에 냅킨을 두도록 하자. 가능한 한 깔끔하게 파내도록 한다.

돼지머리 먹을 때 알아두기!

돼지머리는 오래전부터 대부분의 문화권에서 먹어왔지만, 식당 메뉴에 통 머리가 있는 경우는 드물다(그러니 보게 된다면 운이 좋은 거니 바로 시키자). 흔히 볼 수 있는 메뉴는 머리 고기를 고아 치즈처럼 만든 헤드 치즈나 돼지머리의 고기와 젤라틴을 이용해 젤리처럼 만든 음식이다.

수수께끼 같은 에티켓

올바른 포크 사용법

격식에 맞게 세팅된 테이블 한눈에 파악하기.

필요한 것

세팅된 테이블

테이블은 대개 메뉴에 맞춰 세팅되는데, 보통 먼저 사용하는 식기가 바깥쪽에 위치한다. 그러니 헷갈릴 때는 바깥쪽부터 사용하면 된다. 다음은 나오는 음식 혹은 상황에 따라 당신이 마주할 수도 있는 세팅에 관한 설명이다.

정찬용 접시: 앞의 가운데.

빵, 버터용 그릇: 왼쪽 상단 포크 위쪽에 위치하며, 보통 더 작은 접시다.

냅킨: 정찬용 접시 위나 혹은 왼쪽에 있다. 식탁에 앉았을 때 바로 다리에 놓을 수 있도록 손에 가까운 곳에 둔다.

샐러드 포크: 이 작은 포크는 디너 포크보다 갈래가 짧다. 정찬용 접시의 왼쪽 먼 곳에 둔다.

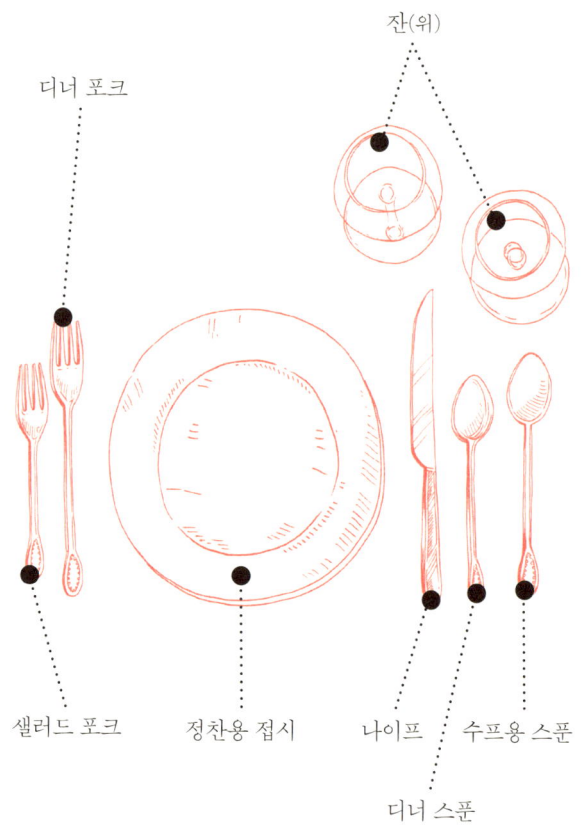

피시 포크: 식사 코스 중에 생선이 있을 경우, 샐러드 포크와 디너 포크 사이에 둔다. 디너 포크보다 갈래가 짧고 넓다.

디너 포크: 디너 포크는 갈래가 상대적으로 길다. 정찬용 접시의 왼쪽 가장 가까운 곳에 있다.

디저트 포크: 디저트 포크는 디저트와 함께 나오기도 하지만, 식사를 시작할 때 정찬용 접시의 위쪽에 놓기도 한다. 디저트 스푼은 포크와 나란히 둔다.

칵테일 포크: 해산물용 포크, 혹은 굴 포크라고도 불리는 이 세 갈래의 조그만 포크는 해산물 같은 작은 애피타이저를 먹을 때 사용한다. 수프용 스푼의 오른쪽에 두며, 간혹 포크의 갈래가 수프 스푼의 볼과 겹친 채 자루만 오른쪽으로 빗겨 있을 때도 있다.

수프용 스푼: 디너 스푼보다 머리가 넓고 둥글며 정찬용 접시의 오른쪽 먼 곳에 둔다.

디너 스푼: 수프용 스푼보다 좁고 자루에 고상한 무늬가 있다. 정찬용 접시의 오른쪽 가장 가까운 곳에 둔다.

디저트 스푼: 디저트 스푼이 후식과 함께 나오지 않으면

정찬용 접시 위를 살펴보자. 디저트 포크 바로 위에 있다.

버터나이프: 이 작은 스프레더는 빵, 버터용 그릇 위에 손잡이가 오른쪽으로 향하게 해서 둔다.

디너 나이프: 접시 오른쪽 가장 가까운 곳에 두며, 날이 접시를 향하게 놓는다.

피시 나이프: 작고 넓은 날을 가진 이 칼은 디너 나이프의 오른쪽, 그리고 스푼의 왼쪽에 둔다. 날이 넓어 음식을 포크에 올리기 쉬우며 생선 요리를 먹기에도 편하다(10쪽 참조).

샐러드 나이프: 샐러드에 칼이 필요할 때 나오며, 피시 나이프와 스푼들 사이에 둔다.

유리잔: 물 잔과 와인 잔 모두 오른쪽, 나이프와 스푼의 위쪽에 위치한다.

수프 그릇: 코스에 수프가 있으면, 정찬용 접시 위에 놓여 있다.

"전통적으로, 오찬은 영겁의 세월이 걸리는 식사다."

- 미스 매너, 《찔러도 피 한 방울 안 나올 몸가짐》

• 젓가락 사용법 •

조금만 연습하면 포크를 달라고 할 필요가 없어진다.

필요한 것

젓가락 한 쌍, 연습할 음식

1단계

젓가락 하나를 엄지와 검지 사이에 두고, 중지로 받쳐 고정한다.

2단계

다른 젓가락은 엄지와 검지로 연필처럼 잡는다. 젓가락은 테이블에 끝을 톡톡 쳐 나란히 맞춘다.

3단계

위쪽 젓가락만 움직이고 다른 하나는 고정해 두자. 젓가락 끝을 이용해 음식을 집는다(국을 젓가락으로 먹을 땐, 그릇을 입에 대고 젓가락을 이용해 건더기를 입안으로 밀어도 된다).

젓가락 쓸 때 알아두기!

젓가락을 음식에 수직으로 꽂으면 죽음을 의미하기 때문에 해서는 안 된다. 또, 나무 표면을 매끄럽게 한답시고 젓가락을 서로 비비는 행동도 하지 말자. 싸구려 젓가락만 잔 조각이 일기 때문에 자칫 천해 보일 수 있다.

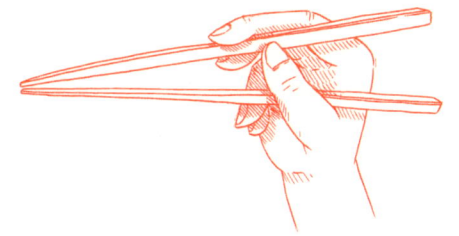

• 치즈 맛보는 법 •

치즈는 놀라울 정도로 다양한 조합을 만들어 낸다. 핑거 푸드나 가벼운 간식으로 나오기도 하고 정식 코스에 포함되어 나오기도 한다.

필요한 것

다양한 치즈가 담긴 치즈용 접시, 치즈 나이프 혹은 작은 나이프, 입가심용 플레인 크래커(선택)

펴서 바를 수 있거나 조각이 잘 떨어지는 부드러운 치즈부터 시작하자. 이런 치즈는 향도 부드럽다. 자른 모양을 그대로 유지하는 단단하고 날카로운 치즈는 남겨놨다가 마지막에 맛보도록 한다. 그렇지 않으면 향이 너무 강해 다른 치즈들의 맛이 느껴지지 않는다. 치즈를 냉장고에서 바로 꺼냈다면, 실내온도에 맞춰지길 기다린 뒤 맛을 본다. 차가운 치즈는 향이 덜하기 때문이다.

치즈를 식별하고 구별하는 첫 번째 방법은 시각이다. 치즈를 보자. 무엇이 보이나? 단단한가, 부드러운가? 표면에 틈이나 결정들이 보이는지? 치즈의 겉과 파테(Pate)라고 부르는 속의 색과 모양이 일정한지도 살펴보자.

이제, 치즈의 냄새를 맡아보자. 손가락으로 조금 뜯어낸 뒤 코에 대보자. 코를 찌르는 냄새를 느껴보고 향에 따라 치즈를 골라보자. 냄새는 맛의 큰 부분을 차지하기 때문에 향을 깊게 맡으면 치즈를 고르는 데 도움이 된다.

마지막으로, 치즈를 먹어 보자. 천천히 씹고 호흡하며 향을 충분히 느끼자. 집중해서 처음 씹을 때 느껴졌던 향과 마지막에 나는 향의 차이도 느껴보자. 크래커는 치즈와 함께 먹기보다는, 입가심용으로 치즈와 치즈 사이에 먹는 게 치즈의 향을 온전히 즐기는 방법이다.

치즈 커닝 페이퍼

치즈를 맛볼 때 들어볼 법한 단어들이다. 치즈를 먹다 보면 뜻이 바로 와 닿게 된다.

종류	강도	예
생 치즈(Fresh)	수분이 많은 치즈다. 크림이 많고 다른 음식에 발라 먹기 좋으며, 유통기한이 짧다.	리코타 셰브르
연질 치즈(Soft-ripened)	바깥쪽부터 숙성되는 아주 부드러운 치즈다. 외부의 흰 껍질도 먹을 수 있다.	브리 카망베르
반 경질 치즈(Semisoft)	약간의 수분이 있고 매끈한 치즈나. 껍질이 없거나 조금 있다.	하바티 몬테레이 잭
경질 치즈(Firm/hard)	치즈가 퍼지(부드러운 우유 사탕)만큼 단단하다. 반 경질 치즈보다 수분이 적다.	고우다 체다 파르메산
블루치즈(Blue)	푸른곰팡이가 안쪽부터 생기는 치즈다.	고르곤졸라 스틸턴

치즈 먹을 때 알아두기!

치즈는 놀라운 음식이다. 일반적으로 소나 염소의 젖, 우유를 사용해 만드는데, 굳힌 뒤 단단한 부분과 촉촉한 부분을 나눈 게 응유(우유가 산이나 효소에 의해 응고된 것)와 유장(젖 성분에서 단백질과 지방 성분을 빼고 남은 맑은 액체)이다. 치즈의 종류는 유제품의 경도와 시간에 따라 나뉜다. 크게 두 가지 종류로 나누는데, 생 치즈와 발효 치즈다. 생 치즈는 우유를 굳히는 과정을 거친 뒤 바로 만든다. 발효 치즈는 숙성을 오래 해 향을 더한다. 크림치즈나 리코타 치즈 같은 생 치즈에 반해 숙성 치즈는 그뤼에르 치즈처럼 단단하고 부스러지는 질감을 가지고 있다. 치즈는 오래될수록 향이 깊어진다. 간혹 곰팡이가 향을 더하기도 하는데, 톡 쏘는 맛의 블루치즈가 되기도 하고, 부드러운 브리 치즈가 되기도 한다.

"246가지 치즈를 가진 국가를 어떻게 통치할 수 있을까?"

- 샤를 드골

> · 누들 먹는 법 ·

애니메이션 〈레이디와 트램프〉에서 귀여운 강아지들이 하는 스파게티 키스 장면을 아는가? 절대 따라 하지 말 것.

필요한 것

누들 한 접시, 포크, 숟가락

1단계

포크 갈래 사이에 면발 몇 개를 끼운다. 숟가락을 이용해 면이 포크에 잘 감기도록 받쳐 준다.

2단계

숟가락의 움푹 파인 곳에 대고 포크를 돌려 면을 둥지 모양으로 감는다.

3단계

포크를 입에 대고 면을 한입에 먹는다.

팁

아시아 면 요리를 먹을 때는 젓가락을 사용한다. 후루룩 소리를 내도 되지만 너무 심하지 않게 주의하자.

"가족과 함께하는 저녁 식사의 분위기.
어머니가 부엌에서 내가 좋아하는 음식을 만들고 계신 걸
알았을 때의 설렘. 나는 더 많은 사람이 이렇게 가족들과
저녁을 먹으며 인생의 즐거움을 알아가길 바란다."

- 폴 프뤼돔

· 수프 먹는 법 ·

별거 없다. 이것만 기억하자. 소리 내지 말 것.

필요한 것

크래커(선택), 수프 한 그릇, 전용 숟가락

1단계

수프와 크래커를 함께 먹을 땐 한 번에 하나씩만 그릇에 넣는다.

2단계

숟가락으로 수프를 뜰 때는 내 바깥쪽, 즉 테이블 가운데 방향으로 뜬다. 그래야 수프가 다리에 튀는 걸 방지할 수 있다.

3단계

숟가락을 조심해서 입에 댄다. 숟가락의 끝부분이 아닌 옆으로 수프를 마신다.

4단계

후루룩대지 말자. 아무리 강조해도 지나치지 않다.

5단계

2~4단계를 반복한다. 그릇이 거의 비어 한입 정도 남으면, 그릇을 바깥쪽으로 기울여 남은 한 숟가락을 떠먹는다.

6단계

소리 내지 않고 수프를 모두 먹었으면, 숟가락은 그릇 아래 받침용 접시에 놓는다. 받침이 없으면 그릇 위에 두면 된다.

상황에 따른 수프 먹는 기술

- 프렌치어니언 수프(프랑스식 양파 수프)를 먹을 때는, 숟가락의 가장자리를 이용해 빵과 치즈를 떠서 한입 가득 먹는다.
- 수프에 미트볼이나 맛초볼 같은 큰 건더기가 들어 있으면 나이프나 숟가락의 가장자리로 자른 뒤 먹는다.
- 아시안 수프(국)나 면 요리는 젓가락과 함께 때에 따라 숟가락이 나오기도 한다. 숟가락이 나왔다면 면이나 건더기를 올려 국물과 함께 입으로 가져가 먹으면 된다. 아니면, 그릇을 입에 대고 국물을 마신 후 젓가락을 이용해 건더기를 먹도록 한다.

"올바른 예절이란 수프를 마실 때 소리를 내지 않는 것이다."

- 베넷 서프

• 와인 잔 드는 법 •

레드 와인과 화이트 와인을 최적 온도에서 마시려면 잔을 잘 드는 법을 알아야 한다. 당신이 와인 좀 마실 줄 안다는 걸 보여주는 방법이기도 하다.

필요한 것

맛있는 와인 한 잔, 당신의 손

레드 와인: 잔의 볼을 손으로 감싸 쥐어도 된다.

화이트 와인: 기둥처럼 생긴 잔의 손잡이 부분을 엄지와 검지로 잡는다.

이유: 사람의 손은 따뜻하다. 잔의 볼을 손으로 잡으면 손의 열이 전해져 와인이 따뜻해진다. 보통 화이트 와인은 차갑게, 레드 와인은 실내온도와 비슷하게 나오기 때문에 잡는 방법도 다르다.

팁

와인 잔을 씻을 때는, 먼저 잔의 볼을 손으로 잡는다. 강모가 빽빽한 컵 전용 솔에 세제를 묻혀 잔의 내부와 테두리를 꼼꼼히 닦는다. 뜨거운 물로 충분히 헹구고 잔을 뒤집어 바람에 말린다. 크리스털 잔에 얼룩이 생기면, 식초를 희석한

물에 담가 둔다.

다른 잔을 잡는 기술

누군가 당신에게 샴페인 잔을 건네면 어떻게 받아야 할까? 다른 잔들은?

- 브랜디 잔: 잔의 볼을 잡는다. 손의 열이 전해져 향이 잘 퍼지게 된다.
- 샴페인 잔: 볼이 아닌 손잡이 부분을 잡는다. 그래야 샴페인을 시원하게 즐길 수 있고, 손가락이나 지문에 가리지 않고 샴페인 거품이 올라오는 모습을 볼 수 있다.
- 마티니 잔으로 알려진 칵테일 잔: 잔의 손잡이 부분을 잡는다. 필요하면 다른 손으로 바닥을 받쳐도 된다. 잔이 너무 크면 작은 잔으로 바꾸도록 하자. 다 마시기도 전에 술이 따뜻해지면 안 되니까.
- 손잡이가 없는 잔: 호스트가 화이트 와인을 손잡이가 없는 잔에 내왔다면, 실내온도에 와인이 따뜻해지지 않게, 최대한 빨리 마시도록 한다.

"아프가니스탄 야생에서 지낼 때,
코르크 따개를 잃어버리는 바람에
며칠간 음식과 물만 먹으며 생존해야 했죠."

– W.C. 필즈, 〈마이 리틀 치카디〉

· 와인 마시는 법 ·

잔을 내리기 전에, 다음 팁들을 활용해 당신의 와인 노하우를 뽐내 보라.

필요한 것

와인, 시음 잔, 물 한 잔(선택), 맛본 와인을 뱉는 통(선택)

전문 소믈리에들은 와인이 만들어진 연도를 구분하기 위해 이 절차를 따른다. 같은 방법을 활용해 내가 좋아하는 와인의 타입을 기억해 보자.

참고: 이 팁들은 다양한 와인을 한꺼번에 맛볼 때 사용하는 방법이지만 레스토랑에서 한 병만 샀을 때도 쓸 수 있다. 당신이 와인을 주문했다면, 테이블에 동석한 사람들에게 따라주기 전에 다음 절차를 따라 와인의 상태를 확인해 보자.

시각: 잔에 따른 와인을 보자. 색은 어떤가? 깊고 붉은색? 가벼운 분홍색? 아니면 투명한가?

스월링(잔 돌리기): 잔을 가볍게 돌려 와인이 잔 안쪽을 따라 도는 모습을 본다. 대체로 향이 강한 풀 보디 와인은 점도가 높아서 잔을 따라 천천히 돈다. 가벼운 와인은 점도가 낮아 잔을 도는 속도가 빠르다. 이런 와인은 강렬하진 않지만 좋은 향을 가지고 있다. 그리고 스월링을 하면 와인에 공기가 들어가 맛과 향이 더 깊어진다.

후각: 스월링으로 향을 낸 다음 코를 잔에 대고 숨을 깊게 들이쉬어 본다. 어떤 향들이 숨어 있는지 알겠는가? 과일 향, 오크 향, 캐러멜, 바닐라… 와인을 마시기 전에 어떤 향인지 한번 알아맞혀 보자.

미각(조금 마시기): 벌컥벌컥 마시기 전에 조금만 입에 대본다. 와인을 입안에서 돌린 뒤 혀에 내려앉게 한다. 냄새만 맡았을 땐 몰랐던 향이 있는지 찾아본다.

맛: 와인을 머금은 입에 공기를 더하면 향이 더 선명해진다. 입술을 조금만 열고 숨을 약간 들이쉬며 입속 와인을 돌려 보자. 아이들이 비눗방울을 부는 것처럼, 그 비슷한 동작을 입안에서 하면 된다. 뭐, 우스꽝스러워 보일 수는 있다.

스핏팅(뱉기, 선택): 한 가지 이상의 와인을 시음할 때는 음미한 뒤 준비된 통에 뱉어 맑은 정신을 유지한다.

팁

여러 와인을 시음할 때 물 잔이 함께 나오면 잔과 입을 헹궈 이전 와인의 향과 섞이지 않게 하자. 물이 나오지 않으면 다음에 맛볼 와인을 먼저 약간 입에 넣고 향이 충분히 퍼지게 해 이전에 먹은 와인의 향기를 지우도록 한다.

"와인은 가장 건강하고 위생적인 음료다."

- 루이스 파스퇴르

코르크 마개가 부패한 와인

와인에서 곰팡내나 쿰쿰한 냄새가 나는가? 즉시 버리자! 이런 걸 "코르크드 와인"이라고 하는데, 코르크 마개에 곰팡이가 생겨 와인의 향을 망친 걸 뜻한다. 종업원들이 와인을 딴 뒤 코르크를 보여주는 이유이기도 하다. 걱정할 필요는 없다. 레스토랑에서 샀든 가게에서 샀든 이런 와인은 환불이 된다.

· 건배하는 법 ·

사람들의 휴대전화에 당신이 멋지게 건배사 하는 모습을 남겨야지, 술에 취해 혀가 꼬부라진 모습을 남겨서야 되겠는가?

필요한 것

방 안 가득한 사람들, 샴페인이나 와인 한 잔, 또는 그밖의 음료들, 버터나이프

1단계

무슨 말을 할지 미리 정한다. 내용은 짧아야 한다. 미리 써서 연습해 보자. 연습이 어색할 수 있지만 건배사의 길이가 적당한지 확인할 수 있고, 외우는 데 도움이 된다. 건배사를 쓸 때는 대상을 고려해야 한다. 예를 들어, 직장 동료들처럼 예의를 따지는 사이거나 잘 모르는 사람들이 많은 자리라면 저속한 농담은 피하는 게 좋다.

2단계

순서를 파악하자. 주최한 사람이 따로 있다면 첫 건배사는 그에게 맡겨야 한다. 당신이 주최한 파티라면 사람들이 잠잠해질 때를 기다리자. 그렇지 않으면 춤을 추거나 식사를 하느라 아무도 당신의 건배사를 듣지 않을 테니까. 식사가 끝나갈 때쯤이 적당하다.

> **3단계**

자리에서 일어나 버터나이프로 잔을 가볍게 두드려 방 안의 사람들이 주목하게 한다.

> **4단계**

건배사를 한다. 많은 사람 앞에서 말하는 게 익숙하지 않은 사람은 주목받는 게 부담스러울 수 있다. 다음 팁을 따라서 자연스럽고 기억에 남는 건배사를 해보자.

- 다리를 어깨보다 약간 넓게 벌린다. 자신은 이상하게 느껴질 수도 있지만, 다른 사람이 보기에는 그렇지 않다. 이 자세는 체중이 앞뒤로 쏠려 기우뚱거리지 않게 해준다. 청중이 몸이 흔들리는 당신을 보느라 멀미가 나지 않게 해준다는 뜻이다.

- 무릎을 살짝 굽힌다. 기절할 확률을 낮춰준다.

- 음료는 한 손에 쥐자. 다른 손은 마이크나 노트를 잡는다. 아니면 가볍게 테이블에 올리거나 자연스럽게 몸 옆에 붙이도록 한다.

- 크고 자신감 있는 목소리로 말하되, 내가 생각하는 것보다 천천히 말해야 한다. 보통 긴장하면 자신이 생각하는 것보다 빠르게 말한다.

- 눈맞춤을 한다. 방 안의 사람들을 둘러보자. 발끝을 보고 있거나 노트만 보고 있으면 안 된다. 이 정도는 외울 수 있지 않나?

- "제가 말주변이 없어서…"같은 사과 조의 말이나 부정적인 말은 하지 말고 사람들이 있는 그대로 건배사를 즐기게 하자. 나중에 건배사가 좋았다는 말을 들으면 가볍게 고맙다고만 하면 된다.

- 아직 무대 공포증이 가시지 않았는가? 숨을 깊게 쉬고 건배사를 하게 된 이유를 떠올려 보자. 아마 소중한 사람의 부탁을 받았거나 친한 친구가 결혼해서 좋은 뜻에서 건배사를 하게 됐을 것이다. 동기부여를 하라는 거다. 그래도 안 된다면 시계를 보자. 한 시간 뒤면 건배사는 모두 잊고 샴페인과 춤으로 밤을 즐기고 있을 테니까.

| 5단계 |

잔을 높이 들고, 가볍게 한 모금 마신다.

| 팁 |

행사의 성격과 맡은 역할에 따라 건배사의 길이를 정한다. 신랑 혹은 신부의 들러리로 갔다면, 건배사는 짧은 것보다 조금 길게 하는 것이 좋다.

건배할 때 알아두기!

어떤 사람은 물 잔으로 건배하면 불운이 온다고 한다. 그래도 가만히 있는 것보다는 물로 하는 게 예의에 맞다. 건배를 받는 입장이라면(축하한다!) 일어서서 감사히 받되, 자신에게 건배를 하면 안 된다.

> • 차 마시는 법 •

새끼손가락은 들지 않아도 된다. 정말이다.

필요한 것

차, 찻잔과 받침, 티스푼, 우유(선택), 설탕(선택)

1단계

격식 있는 자리라면 호스트가 차를 따라준다. 뜨거운 물에 티백이 담겨 나왔거나 거르개를 끼운 잔에 물과 찻잎이 나왔다면 3~5분 뒤에 꺼내도록 한다.

2단계

티백이나 찻잎 거르개를 꺼낸다. 필요하다면 우유나 설탕을 넣는다. 저을 때 티스푼으로 잔을 치는 행동은 예의에 어긋난다. 다 저었으면 스푼은 꺼내서 받침에 두자.

3단계

찻잔은 한 손으로 잡는다. 검지로 손잡이를 감싸고 엄지는 손잡이 위에 둔다. 중지로는 손잡이 바깥쪽 둥근 부분을 받치고 약지와 새끼는 손바닥 쪽으로 말아둔다.

4단계

마실 때는 찻잔을 바라보고 흘리지 않게 조심한다.

팁

찻잔이 골동품이라면, 우유를 먼저 부어 차의 뜨거운 열로 잔에 금이 생기지 않도록 한다.

차 마실 때 알아두기!

차는 문화마다 접근하는 방식이 다르다. 위의 방식들은 전통적인 영국식 티 파티나 점심과 저녁 사이에 열리는 다과회에서 차가 곁들여질 때 맞는 예법이다. 차 모임에 갔는데 어떤 방식을 따라야 하는지 잘 모르겠다면 호스트를 보자. 대개 주인들이 모임을 이끌며 지켜야 할 예의의 단서를 제공하기 마련이다. 같이 초대된 손님들을 살피는 것도 하나의 방법이다. 그런 모임에 더 익숙할 수도 있으니까 말이다.

· 빵을 식기로 사용하는 법 ·

일부 문화권에서는 빵을 하나의 식기로 사용한다. 에티오피아에서는 음식을 꼭 인제라(Injera)라고 하는 납작하고 부드러운 빵에 올려 먹곤 한다. 자, 이제 은 식기들을 대체할 탄수화물 접시에 대해 알아보자.

필요한 것

빵, 수프나 소스가 있는 음식

1단계

빵을 한입 크기로 떼자. 빵을 통째로 먹거나 크게 자르면 소스를 여러 번 찍어야 하는데 예의에 어긋나는 행동이다. 떼어낸 빵의 모서리를 손끝으로 잡자.

2단계

빵을 내 바깥쪽으로 밀며 소스를 찍는다. 소스를 빵에 묻혀야지 자신에게 묻히면 안 된다. 손에 튀지 않게 조심하기.

3단계

빵을 한입에 먹는다.

빵 먹을 때 알아두기!

빵에 소스를 묻혀 먹으면 맛도 좋고 활용도도 높아지지만, 일부 문화권에서는 빵을 단지 애피타이저나 곁들이는 음식으로만 여긴다. 전통 이탈리아 음식을 예로 들면, 빵은 주요리가 나오기 전에 곁들이는 메뉴에 불과하다. 언제나 그렇듯, 잘 모르겠으면 호스트의 행동을 따라 하자.

"제빵은 너무나 매력적인 취미다. 아무리 자주,
많은 종류의 빵을 만들어도 항상 새로운 걸 배우게 된다."

- 줄리아 차일드

· 스시 먹는 법 ·

일본에서, 스시를 먹는 행동은 하나의 전통과 관례를 담고 있다. 여기 나오는 팁들은 서양에서 스시를 먹을 때 알아야 할 가장 중요한 점들이다.

필요한 것

스시, 젓가락, 간장(선택)

사시미(회)

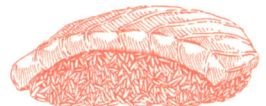

니기리(초밥)

마키(김밥)

> **1단계**

주문하기 전에, 스시의 종류를 먼저 알아보도록 하자.

- **사시미:** 글자의 뜻을 그대로 해석하면 "저며낸 고기"다. 일본에서는 스시 식당이라고 하면 저민 날생선(살짝 익힌 것도 있다)을 판매하는 곳을 뜻한다. 사시미는 스시와 달리 밥과 함께 나오지 않는다.

- **니기리:** 손으로 쥔 직사각형의 밥 위에 해산물이나 오리, 오믈렛 등을 올린 음식이다.

- **마키:** 생선, 채소, 밥 그리고 다른 재료들을 김이나 소이 페이퍼(일종의 건두부)에 말아서 자른 음식을 마키라고 부른다.

> **2단계**

주문을 한다. 생선이 신선하냐고 묻는 건 모욕적인 언사니 해선 안 된다. 고르지 못하겠으면 주방장에게 물어보자. 아직 메뉴에 없는 음식을 먼저 맛보게 될 수도 있다.

> **3단계**

사시미는 젓가락을 이용한다. 니기리나 마키는 젓가락으로 먹기도 하고 손으로 먹어도 된다.

> **4단계**

간장이나 폰즈 소스에 찍어 먹는 걸 즐긴다면, 너무 많이 찍지 않도록 조심하자. 겨자는 간장에 풀지 말고 음식에 약간씩 올려 먹는다.

> **5단계**

한입에 넣고 천천히 씹으며 생선의 풍미를 느껴보자. 음식이 커서 한 번에 먹기 힘들다고 입에 댄 걸 접시에 내려놓는 건 금물. 젓가락이나 손으로 음식을 집고 일부를 베어 물고 씹다가, 다 먹으면 나머지를 곧장 입에 넣도록 한다.

> **6단계**

스시를 먹는 사이사이에 초 생강을 먹어 미각을 깨우도록 하자.

> 7단계

다른 사람의 접시에 있는 스시를 집을 땐 젓가락을 돌려 뒤쪽을 사용한다. 내 입에 들어갔던 부분이 다른 사람의 음식에 닿으면 안 되기 때문이다. 먼저 내 접시에 갖다 놓고 다시 젓가락을 돌려 먹던 부분으로 먹는다.

> 8단계

바에 앉아 먹을 땐 요리사에게 직접 돈을 건네면 안 된다. 스시 요리사들은 청결을 매우 중요시하기 때문에 돈을 만지지 않는다.

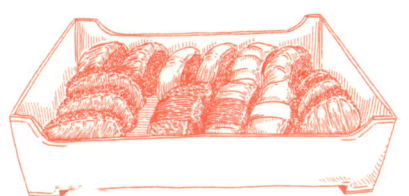

· 팁 주는 법 ·

미국에서 팁을 받아 생활하는 사람들이 한 시간에 버는 돈은 적게는 2~3달러 정도다. 심지어 그 돈을 만지기도 전에 상당 부분을 세금으로 낸다. 종업원에게 주는 팁은 일반적으로 음식값의 15~20% 사이가 적당하다.

레스토랑에서

15% 미만: 서비스를 엉망으로 받지 않았다면 더 주는 게 좋다.

15%: 적당한 서비스.

18%: 괜찮은 서비스를 받았고, 일행들도 만족했을 때.

20%: 훌륭한 서비스. 종업원이 필요한 걸 필요한 때에 모두 가져다준 경우. 전혀 불만 없는 서비스를 받았을 때.

20% 이상: 굉장한 서비스. 종업원이 이래도 되나 싶을 정도로 잘해줬을 때.

바에서

비용의 20% 정도를 바텐더에게 팁으로 주는 게 일반적이며 서비스가 좋으면 더 주기도 한다. 하지만 맥주나 와인은 기본 팁 1달러 이상, 각테일은 2달러 이상 줘야 하며, 주문이 복잡하거나 바에 사람이 많을 때는 더 주는 게 좋다.

커피숍에서

계산대에 있는 직원은 시급을 받고 일하지만, 주문하는 곳에 팁을 넣는 통이 있다면 조금 주는 것도 괜찮다. 특히 주문이 복잡할 때는 음료당 혹은 상품당 1달러 정도를 주는 게 일반적이다.

배달 혹은 테이크아웃 시

이 직원들도 시급으로 일한다. 하지만 음식이 정확하게 그리고 따뜻하게 배달이 됐다면 10~15% 정도 주는 게 적당하다.

팁

팁으로 줄 20%의 금액을 계산하기 위해 휴대전화 계산기 기능을 찾지는 마시라. 그것보다 머리로 암산하는 게 훨씬 빠르다. 먼저 계산서의 총금액을 보자. 소수점을 왼쪽으로 한 칸 옮긴다. 학교에서 배운 걸 기억하고 있다면 그게 금액의 10%다. 이제 2를 곱하면 당신이 줘야 할 팁이 된다.

팁을 줄 때 알아두기!

미국에서는 팁 문화가 일반적이지만, 다른 곳에서는 대개 10% 이하로 주거나 안 주기도 한다. 여러 아시아 국가에서는 고급 호텔이나 레스토랑 외의 장소에서 팁을 건네는 걸 무례하게 여기기도 한다. 새로운 나라에 여행 가기 전 현지 문화를 조사해서 팁 때문에 실례를 범하는 일이 없도록 하자.

· 누가 계산할지 정하는 법 ·

모던하게 각출하는 법을 알아보자.

| 필요한 것 |

저녁 약속, 식사 후의 계산서, 돈

신사가 숙녀를 위해 계산하던 시절은 지나갔다. 요즘은 계획을 세운 사람이 돈을 내거나, 최소한 자신의 몫은 내는 게 일반적이다. 둘이 데이트할 때도 마찬가지고, 상대방의 부모님과 식사할 때처럼 여러 명이 동행했을 때도 마찬가지다.

초대를 받았더라도, 상대방이 자신이 내겠다고 분명하게 말하지 않으면 자기 몫은 내셌다고 해야 한다. 누군가 나서서 자기가 모두 사겠다고 하면 고맙다고 말한 뒤 다음에는 당신이 내겠다고 말하자.

사람들이 고른 메뉴의 가격이 비슷하면 총금액을 똑같이 나누는 게 편하다. 하지만 한두 명만 음료나 디저트를 추가로 주문해 가격과 메뉴가 다양해지면, 각자 계산하는 게 편하다. 따로 계산하기로 했는데 내 몫을 신용카드로 계산하고 싶다면 식당에 분할 계산이 되는지 먼저 물어봐야 한다. 지급 방법에 따라 제약이 있을 수도 있다.

팁

업무로 인한 미팅 자리에선 주선한 사람이 계산하는 게 일반적이다. 고객으로 참석했다면 좋은 대접을 받기 마련이다.

· 메뉴판 보고 주문하는 법 ·

메뉴판엔 언제나 궁금한 게 있다. 다행히도, 종업원은 답을 알고 있다.

필요한 것

메뉴판, 종업원, 호기심

괜찮은 식당에 가면 종업원들은 메뉴에 들어가는 재료나 조리과정까지 모두 알고 있다. 가장 좋은 방법은 그 식당의 유명한 메뉴를 고르거나 요리사가 추천하는 음식을 아무거나 먹는 거다. 그게 싫다면 그냥 물어보자. "추천 좀 해주시겠어요?" "맛있는 게 뭐죠?" 친절한 종업원은 인기 있는 메뉴나 개인적으로 좋아하는 음식을 기꺼이 알려준다. 어쩌면 당신 취향에 맞춰 추천해 줄 수도 있다. 이유를 잘 들어보고 얼마나 도움이 됐는지 기억해 뒀다가 나중에 계산할 때 팁을 주도록 하자.

대부분 식당은 사이트가 있거나 소셜 네트워크에 나오기 때문에 직접 가보지 않아도 메뉴를 알 수 있다. 오늘의 특별 메뉴까지는 안 나와 있을 수도 있지만, 가격대와 음식이 어떨지는 짐작할 수 있다. 그리고 이걸 기억하자. 때에 따라 다르기도 하지만, 사람들은 대체로 메뉴를 볼 때 오른쪽 위를 제일 먼저 확인한다. 그리고 그곳에 가장 비싼 메뉴가 있기 마련이다. 식당은 그 위치에 가장 큰 이윤을 남길 만한 메뉴를 써 놓는다. 예산이 아슬아슬 하다면 음식을 고르기 전에 메뉴를 모두 읽어보자.

처음 가는 곳이라면 먼저 인터넷으로 리뷰를 찾아보자. 하지만 리뷰는 가려가며 봐야 한다. 사람들은 대개 극단적인 평을 남길 뿐 중간은 없으니까.

건강한 음식을 먹고 싶은가? 메뉴에는 영양에 대한 정보는 거의 나오지 않으니, 다음 몇몇 기준을 기억하도록 하자.

- 배가 너무 고파지거나 음료를 마시기 전에 주문할 음식을 정하자.

- 맑은 수프나 샐러드로 시작한다. 드레싱은 따로 달라고 한다.

- 빵은 먹지 않는다. 채소를 먹어야 하니까!

- 튀김 종류의 음식은 샐러드나 채소로 바꾼다. 항상 바꿀

수 있는 건 아니지만, 물어보기라도 하자.

- 튀긴 음식은 피해야 한다. 해산물 요리나 기름기가 적은 고기 부위를 먹는다.

- 식당 음식은 보통 집보다 양이 많이 나온다. 먹기 전에 포장 용기를 달라고 한 뒤 음식의 반이나 3분의 1 정도를 덜어 놓자. 다음 날 집에서 점심이나 저녁으로 먹으면 된다.

새로운 모험을 하고 싶은가? 종업원에게 메뉴에 없는 주문도 받는지 공손하게 물어보자. 받는다고 말하면 요리사가 즐겨 만드는 요리를 주문해 보자. 이 방법은 특히 스시 식당에서 특별한 재미를 안겨 준다.

팁

체인점의 "스페셜" 메뉴는 조심해야 한다. 종업원이 메뉴에 없는 음식을 추천하며 시범 서비스 중인 메뉴라는 설명을 따로 하지 않는다면, 상하기 직전의 재료들을 없애려는 시도일 수 있다.

데이트할 때 알아두기!

잘 모르는 사람과 식사하며 좋은 인상을 남기고 싶을 때가 있다. 이를테면 면접이나 데이트, 잠재적 고객과의 식사, 좋아하는 유명인과의 식사 같은 거 말이다. 당황하지 말자.

- 첫째로, 그리고 가장 중요한 건 좋아하는 음식을 주문하는 일이다. 여자라고 해서 첫 데이트에 샐러드만 먹으라는 법은 없고, 남자라고 스테이크를 먹으며 자신의 남성성을 과시할 필요도 없다. 또, 미식가인 양 허세를 부리며 아는 체할 필요도 없다.
- 깔끔하게 먹기 힘든 음식은 피하도록 한다. 완벽한 옷을 고르느라 한 시간은 고민했을 텐데 그 위로 음식이 굴러다닐 위험을 감수할 필요는 없다!
- 알코올은 가능한 한 조금만 마시자. 긴장되면 술잔을 들이켜는 대신 숨을 깊게 쉬어 보자.
- 말을 많이 해야 하는 자리라면 마늘, 양파 등 냄새가 강한 음식은 피하도록 하자.
- 긴장될 것 같으면 조금 일찍 가서 마음을 차분히 해보라. 차 안이나 거리의 벤치, 식당의 바도 괜찮다(당연히 술은 필요 없다. 토닉워터에 라임이면 충분하다). 교통체증이나 버스를 잘못 타서 늦을 일도 없어지기 때문에 실질적인 도움이 된다. 몇 분 일찍 가서 생각을 정리하면 마음도 훨씬 편해진다.
- 상대방도 나처럼 긴장하고 있을 테니, 서로 잘 알아가도록 하자. 다행히 음식은 대화를 여는 좋은 주제가 된다. 운이 좋으면 즐거운 대화가 금방 이어질 수도 있다. 재밌길 빈다!

• 테이블에서 양해 구하는 법 •

말없이 사라지는 건 예의에 어긋난다.

필요한 것

저녁을 함께 먹는 사람들, 냅킨, 눈치

1단계

잠시 테이블을 벗어나야 할 상황이라면, 대화가 잠깐 멈추길 기다리자. 다른 사람의 말을 끊어서는 안 된다. "실례할게요." 혹은 "잠시만요."라고만 말하면 된다. 화장실에 간다는 둥 급하게 전화할 일이 생겼다는 둥 당신이 하려는 일을 굳이 설명할 필요는 없다.

2단계

냅킨은 살짝 접어 접시 왼쪽이나 의자 위에 둔다. 구기지 말 것. 레스토랑이라면 당신이 돌아왔을 때 새 냅킨으로 바뀌어 있을 수도 있다.

3단계

호스트가 냅킨을 테이블에 올리는 건 식사가 끝났다는 신호다. 똑같이 행동하면 된다. 호스트에게 감사의 말을 전하고 다른 손님들에게도 끝인사를 한다.

팁

자리를 아주 떠나야 한다면, 디저트가 끝나고 커피가 나왔을 때 가도록 한다.

"음식을 함께 먹으며, 몸에 열량을 공급하는 반복적인 행동이
가족과 사회가 함께하는 하나의 의식으로 바뀌게 된다.
동물로서의 단순한 생명 활동이 하나의 문화로 변한다."

- 마이클 폴란

음식 편애하기

· 매운 음식 먹는 법 ·

매운 음식을 잘 못 먹는가? 여기 고통을 조금이나마 덜어 줄 팁이 있다.

필요한 것

매운 음식, 얼음물 한 컵, 빵, 크래커, 감자 등 탄수화물이 든 음식, 우유 한 컵

1단계

음식을 한입 먹기 전에 얼음물을 입 안 가득 마시자. 얼음물이 입의 감각을 둔화시켜 매운 음식이 주는 통증을 줄여준다(주의: 매운 음식을 먹은 후에 얼음물을 마시면 안 된다. 입안에 매운 기운을 퍼지게 해 고통을 더하니까).

2단계

시작은 천천히. 가능하다면 지금 내가 참을 수 있는 것보다 약간만 더 매운 걸 먹는다. 순한 살사 소스를 먹을 수 있다면 중간 맛 살사를 시도한다. 매운 음식에 익숙하지도 않으면서 뜬금없이 3배 매운 소스를 시도할 필요는 없다.

3단계

천천히, 꼭꼭 씹어 먹자. 급하게 먹으면 매운맛을 감당하기 힘들어진다.

> **4단계**

탄수화물이 든 음식으로 입가심한다. 매운맛을 덜어준다.

> **5단계**

다 먹고 난 다음 우유를 마시자. 유제품에 들어 있는 단백질은 입 안을 달래주고 매운맛을 누그러뜨린다.

매운 음식 먹을 때 알아두기!

사람들이 고통을 유발하는 음식에 끌리는 이유에 관한 여러 가설이 있다. 칠리 같은 음식은 혈압을 낮춰주는 등 건강에 이로워서 끌리는 걸 수도 있다. 심리학 박사 폴 로진의 가설을 보면, 사람들이 매운 음식을 통해 "약한 마조히즘"을 즐길 가능성도 있다고 한다.

스코빌 지수

매운 음식을 못 먹는다면, 스코빌 지수에 나오는 음식은 모두 피해야 한다. 매운맛의 기준을 정한 윌버 스코빌의 이름을 딴 표로, 음식에 들어 있는 캡사이신의 양을 보여준다. 벨 페퍼(피망의 한 종류) 하나를 0 SHU(스코빌 지수 단위, Scoville Heat Units)로 표시하며, 카이엔 페퍼(남아메리카와 아마존에서 자라는 고추 품종)는 일반적으로 3만~5만 SHU로 측정된다.

매운 채소가 새로 발견되기도 하고 유전자 배합으로 만들어지는 신종 작물도 있어 '세상에서 가장 매운 고추'는 몇 년에 한 번씩 바뀌곤 한다. 2016년을 지배한 챔피언은 캐롤라이나 리퍼 고추로 220만 SHU를 기록했다.

일반 고추의 스코빌 지수 (단위: SHU)	
하바네로(Habanero)	350,000
타이(Thai)	100,000
카이엔(Cayenne)	50,000
세라뇨(Serrano)	23,000
치포틀(Chipotle)	8,000
할라페뇨(Jalapeno)	8,000
포블라노(Poblano)	1,500
바나나(Banana)	500
벨 페퍼(Bell Pepper)	0

• 엉성한 음식 먹는 법 •

슬로피 조(대충 만든 햄버거)를 먹는다고 당신까지 엉성해질 필요는 없다.

필요한 것

엉성한 음식, 포크, 나이프, 냅킨, 물수건

1단계

흘린 음식을 닦을 냅킨을 준비하자. 음식이 당신 얼굴에 묻을지 어디에 떨어질지는 모를 일이다. 너저분한 음식은 예측 불가하니 말이다.

2단계

가능하면 포크와 나이프를 쓰자. 속이 넘치는 샌드위치나 기름진 닭 날개를 먹을 때는 별 도움이 안 되겠지만, BBQ의 고기를 떼어내는 데 사용하면 손톱에 소스가 끼는 걸 피할 수 있다.

3단계

반드시 손으로 먹어야 하는 음식이라면 양손으로 잡고 먹자. 접시 위로 몸을 기울여 음식을 흘리더라도 다리가 아닌 접시 위에 흘리도록 한다.

4단계

조금씩 먹자. 그래야 음식을 관리하기 쉽다.

5단계

접시에 떨어진 음식은 손으로 먹지 말고, 포크를 쓰자.

6단계

필요하다면 먹고 난 뒤에 물수건으로 얼굴과 손을 닦는다.

"바비큐로 세계평화를 이룰 수는 없지만,
세계평화를 시작하기엔 그만한 게 없다."

- 앤서니 보뎅

• 술 마시는 속도 조절하는 법 •

밤을 즐기되, 정신은 놓지 말자. 이 팁은 보너스로 숙취까지 예방해 준다!

- 절대 빈속에 술을 마시면 안 된다. 기름진 음식으로 든든히 배를 채워두면 알코올이 몸에 흡수되는 속도를 늦춰준다.

- 상한선을 정해두자. 한 시간에 한 병 이상은 먹지 않도록 한다.

- 휴대전화만 계속 보고 있지 말고 친구들과 함께 마시자. 더 많이 이야기하고 놀수록, 술을 들이켜는 시간이 적어진다.

- 칵테일보다는 맥주나 와인 같은 알코올 도수가 낮은 술을 마신다. 인심 좋은 바텐더가 주는 공짜 술에도 덜 취하게 된다.

- 술과 물을 번갈아 마시며 수분을 보충하자. 술 마시는 속도도 조절할 수 있고 숙취 예방에도 좋다.

- 원샷은 하지 않는다. 세상이 빙빙 도는 걸 막아주는 확실한 방법이다.

- 한 가지 술을 골라 그것만 마신다. "맥주로 시작하면 취하지 않고, 맥주로 마무리하면 토하지 않는다."라는 말은 사실과 완전히 다르다. 알코올 함량이 다른 술이나 여러 종류의 칵테일을 섞어 마시면 얼마나 마셨는지 가늠하기 힘들어진다.

- 와인 한 잔을 오래 마시고 싶은가? 라임 소다나 탄산수를 조금 더해 보자. 스프릿츠 맛이 난다!

- **절대 안 됨:** 과음은 하지 말고, 음주운전은 더더욱 하지 말자. 알코올은 생각보다 분해하는 데 오랜 시간이 걸린다. 당신을 안전하게 집에 모셔다드릴 스마트폰 앱들이 많이 있으니 사용해 보자.

무알코올 음료 알아두기!

술을 마실 수 없는 이유가 수없이 많은데도, 알싸한 무언가로 기분전환 하고 싶을 때가 있다. 바텐더에게 무알코올 칵테일이나 라임 탄산수를 주문해 보자.

"나무에 포도 세 송이가 열려 있다.
처음 것은 즐거움, 다음은 취기, 마지막은 후회다."

- 아나카르시스

· 바비큐 파티에서 채식하는 법 ·

가끔은 육식주의자들과도 교류해야 하니 말이다.

- 함께 나눌 음식을 가지고 오자. 채식할 음식을 확보할 수 있고 고기를 먹는 사람들에게 채식 요리도 맛있다는 걸 보여줄 수 있다.

- 호스트에게 먼저 동의를 구한 뒤 콩 패티(BYO 버거)를 가지고 가서 요리해 먹는다. 요즘은 음식 알레르기와 식이요법이 흔하기 때문에 모임에 먹을 음식을 들고 가는 게 유별난 일은 아니다.

- 보조 메뉴 위주로 먹는다. 육진한 고기가 주요리일지라도 채식주의자가 먹을 만한 요리가 옆에 따라 나오기 마련이다. 양배추 샐러드, 감자 샐러드 등의 전채 요리는 먹어도 괜찮다. 단, 콩 요리는 조심해야 한다. 베이컨이나 육수를 함께 넣고 요리했을 수도 있다.

- 호스트가 친한 사람인가? 먼저 전화를 걸어 어떤 요리를 할 건지 물어보자. 당신을 위해 채소 버거나 고기가 안 들어간 음식을 준비해줄 수도 있다. 베이컨을 빼고 요리하거나 닭 육수 대신 채소 육수를 쓰는 식으로 주변 요리를 바꿔줄 수도 있다.

- 이 방법이 모두 실패하거나 쓸 수 없는 상황이라면 바비큐 파티 전에 식사를 미리 하고 참석한다.

"인류가 더 건강하게 지구에 더 오래 생존하려면
채식주의 혁명을 이뤄야 한다."

- 알베르트 아인슈타인

채식주의자에 대해 알아두기!

채식주의자나 비건(극단적인 채식주의자)을 바비큐 파티에 초대했는가? 음식을 준비할 때 육류 가공품이 안 들어가도록 주의하자. 목록을 꼼꼼히 읽어보고 아래 재료는 피하도록 한다. 아마 놀랄 수도 있다.

- 빨간색 식용 색소: 파스타 소스나 붉은색 식품에 쓰이는 내츄럴 레드 #4(Natural red #4), 코치닐(Cochineal), 카민산(Carminic acid), 카민(Carmine)은 딱정벌레로 만든다.
- 오렌지 주스: 첨가물에 어유(Fish oil)나 양모에서 추출한 라놀린이 들어간다. 오메가-3가 들어가지 않은 제품을 찾거나, 직접 오렌지를 짜도록 하자.
- 백설탕: 정제된 백설탕은 소뼈로 처리된다.
- 젤라틴: 뼈나 발굽 같은 육류로 만들기 때문에 비건들은 젤라틴이라면 질색이다. 다행히도 젤로 샐러드, 사탕, 요구르트, 마시멜로는 괜찮다.
- 멸치(안초비): 이 작은 생선은 시저샐러드 드레싱이나 우스터 소스 같은 의외의 곳에서 발견되곤 한다.
- 돼지기름(라드): 케이크 재료, 파이 껍질, 콩 튀김, 토르티야에 돼지기름이 들어가곤 한다.
- 맥주와 와인: 일부 술에는 생선 부레가 들어간다. 채식주의자에게 괜찮은 술도 있다.
- 치즈: 레닛이라는, 양의 위로 만드는 식재료가 일부 치즈에 들어간다.

• 파티에서 다이어트하는 법 •

다이어트 3주차, 고통스러운 시간을 보내던 중 갑자기 결혼, 베이비 샤워 같은 축하 자리에 참석해 끝내주는 뷔페와 마주하게 됐다고 생각해 보자. 여기 다이어트를 망치지 않는 방법이 있다.

- 파티에 가기 전 다이어트용 음식으로 배를 먼저 채워 칼로리 가득한 요리로 접시를 채우는 걸 방지한다.

- 배가 고픈 채 파티에 갔다면 음식을 현명하게 고르도록 한다. 신선한 과일, 생채소 요리, 치즈, 구운 살사 칩은 어느 파티에나 있고 다이어트를 망치지도 않는다. 집에서 먹던 대로 골라보자. 베이컨이 들어간 햄버거 대신 구운 닭요리를 고르고, 감자 칩 대신 채소를, 컵케이크 말고 과일을 먹자.

- 음식은 작은 접시에 담고, 두 번 가지 않는다. 선을 정해두면 다이어트를 유지하는 데 도움이 된다. 작은 접시를 사용하면 과식을 막아준다는 연구 결과도 있다.

- 알코올은 다이어트를 망치는 지름길이니 피하도록 하자. 꼭 한잔 마셔야겠다면, 라임즙이 들어간 보드카 소다 같은 설탕이 첨가되지 않은 순수 알코올음료를 고르자. 물을 조금씩 희석하며 오래 먹을 수 있는 칵테일을 선택한다. 그리고 알코올을 비운 자리에 조금씩 물을 채우도록 한다.

- 사람들에게 굳이 설명하지 않는다. 주변에 널린 음식을 먹지 않는 걸 보면 음식을 권할 수도 있다. 하지만 내가 먹을 음식을 정하는 건 나 자신뿐이다(때에 따라 의사가 정하기도 하지만). 다이어트는 개인적인 선택이다. 누군가 기름진 감자 요리를 권하면 그냥 가볍게 웃으며 어깨만 한번 으쓱해주자.

- 호스트가 친한 친구라면, 요즘 설탕 섭취를 줄이고 있다고 미리 언급하자(자신의 다이어트 전략을 아무거나 이야기하면 된다). 친구라면 당신을 돕기 마련이다. 채소 요리를 준비하거나 후식으로 과일을 낼 수도 있다. 최소한 당신 얼굴에 컵케이크를 들이밀진 않을 것이다. 혹시 그렇다 하더라도 같은 편으로 만드는 게 좋지 않을까?

- 긍정적으로 생각하자. '저 소스, 칼로리가 얼마나 높은지 알아?!' 혹은 '저 쿠키도 못 먹고 너무 슬퍼.' 같은 생각에 사로잡히지 말고 과일 샐러드가 얼마나 맛있었는지, 혹은 집주인이 직접 키운 토마토가 얼마나 맛있었는지 떠올리자. 스스로 더 행복해질뿐더러, 호스트에게 감사의 인사도 잘할 수 있을 거다.

- 즐겁게 지내자. 파티에 가는 이유가 어디 음식뿐인가? 다트를 하거나, 사진을 구경해도 된다. 수영장에 들어가 보든가 뒷마당을 구경시켜 달라고 하고, 아이들과 함께 놀아도 좋겠다. 새로 만난 사람과 이야기도 나누자. 음식 이야기는 말고. 아까 못 먹은 튀김 치즈 요리에 사로잡혀 있을 시간이 없다.

- 그려왔던 큰 그림을 잊지 말자. 다이어트는 파티에 오기 전부터 시작됐고, 당신은 현명한 사람이다. 유혹에 사로잡혀 일을 망치기 전에 자신의 목표를 떠올려 보자.

"의사가 내게 넷이서 식사하는 게 아니라면
저녁을 4인분 주문하지 말라고 했다."

- 오손 웰스

· 입 냄새 고치는 법 ·

코로 숨을 쉬고, 입을 다무는 것의 대안이 될 방법이 여기 있다.

- 예방 조치를 한다. 구취를 막는 가장 쉬운 방법은 냄새가 나지 않게 예방하는 거다. 담배는 피우지 말자. 하루에 두 번 이를 닦고(혀를 긁어내는 것도 잊지 말자!) 구강 청결제로 입을 헹군다. 마늘이나 양파 같은 음식은 피하고 커피를 마시지 않는다. 이것들은 냄새가 생각보다 오래 남는다. 냄새가 강한 음식은 내 입에도 같은 냄새를 남긴다.

- 무설탕 껌을 씹는다. 민트에 들어있는 설탕이나 일반 껌은 입속 박테리아를 키워 더 심한 입 냄새를 유발한다.

- 물을 마신다. 침은 입 냄새 예방에 도움이 되는데, 물이 침 생성을 촉진한다.

- 입안에 남은 냄새 나는 음식물 찌꺼기를 물이나 소다수로 씻어낸다.

- 접시에 파슬리 장식이 있는가? 모히토 잔에 민트 잎이 나왔는가? 이런 녹색 허브들은 강렬하지만 기분 좋은 향이라 씹으면 구취를 막아준다. 쪽파는 씹지 말자. 이 양파 같은 냄새는 구취에 아무 도움 될 게 없다.

- 견과류같이 단단하고 거친 스낵을 조금씩 씹는다. 단단한 조각들이 입 냄새를 일으키는 다른 음식물 잔해들을 긁어내 준다.

팁

자신한테서 입 냄새가 나는지 잘 모르겠는가? 몰래 화장실에 가서 치실을 써보자. 치실에서 고약한 냄새가 나면 입에서도 비슷한 냄새가 나는 거다.

• 콩(안 맞는 음식) 다루는 법 •

콩, 콩은 맛있긴 하지만… 먹은 다음이 문제다. 내 몸에 맞지 않는, 신체에 이상 반응을 유발할 수 있는 음식을 어떻게 피하는지 알아보자.

- 문제를 일으키는 음식을 인지하고 먹지 않는다. 콩을 못 먹는 사람도 있고, 섬유질 채소나 유제품을 못 먹는 사람도 있다.

- 몸에 안 맞는 음식을 좋아한다면 내성을 길러보자. 식단에 조금씩 추가하되, 적은 양부터 시작한다.

- 비상약(가스 제거제)을 지갑에 넣어 다니다가 그 음식을 피할 수 없거나 피하기 싫은 상황이 오면 먼저 약을 먹은 뒤 먹는다.

- 흔히 생강은 소화기관을 진정시키는 효과가 있다고 한다. 속에 가스가 차거나 소화가 안 되기 시작하면 진저비어(알코올이 아주 약간 첨가된 생강 맛 음료)나 진저캔디를 먹어보자. 민트, 꿀, 계피도 도움이 된다.

- 물을 마시자. 소화기관을 씻어주고 가스를 완화한다.

섬유질 먹을 때 알아두기!

콩에 대해 얼마나 알고 있는가? 콩에 함유된 섬유질과 탄수화물은 우리 몸속 장기에 있는 효소만으로 완전히 소화되지 않는다. 그래서 장 속의 박테리아가 분해를 돕는 과정에서 속이 부글거리게 된다. 좋은 점으로는 콩에 있는 섬유질은 소화에 좋고, 먹으면 혈당 조절에도 도움이 되며, 콜레스테롤을 낮춰주고 포만감이 오래간다.

• 싫어하는 음식 맛보는 법 •

누군가 애정을 담아 만든 요리를 보고… 움찔 놀라기 없기.

- 조금만 달라고 한다. 적게 담을수록 억지로 삼키는 양도 줄어든다.

- 숨을 깊게 쉰다. 알레르기가 없다면 이 음식으로 죽을 일은 없다.

- 조금씩 먹자. 구역질이 반사적으로 나올지도 모르는데 한입 가득 먹을 필요는 없다.

- 다른 음식이나 음료와 함께 먹는다. 먹기 힘든 음식을 맛본 뒤 맛있는 걸 먹자. 식감이 걱정이라면 그걸 덮어줄 다

른 질감의 음식을 먹는다. 음료를 마셔 달갑지 않은 음식의 향을 씻어낸다.

- 가능하면 코를 잡고 먹는다. 냄새는 맛의 큰 부분을 차지한다. 코를 막으면 맛을 덜 느끼게 된다.

- 솔직히 우리는 다 큰 어른이지 않은가? 누구나 좋아하는 게 있고 싫어하는 게 있다. 호스트에게 터놓고 말하자. 브로콜리는 정말 못 먹겠다고.

"다른 사람과 음식을 나누는 일은
절대 가볍게 볼 수 없는 친교 행위다."

- M. F. K. 피셔

• 데인 혀 치료법 •

너무 배가 고파서 수프를 허겁지겁 들이켜다 혀를 데여 배고픔마저 까맣게 잊은 경험은 누구에게나 있을 거다. 여기, 다행히도 통증을 낫게 해줄 방법이 있다. 다음 팁들을 따라 데인 곳을 식혀보자.

- 화상의 정도를 확인한다. 혀를 심하게 데여서 물집이 생겼거나, 검게 변했거나, 감각이 무뎌졌거나 혹은 너무 아프다면 병원 진단이 필요하다. 감염될지도 모르니 의심스럽다면 의사에게 가자. 화상이 심각하지 않다면 다음으로 넘어가자.

- 차가운 물로 입을 헹구면 열기를 식혀주고 혀에 붙어 있을지 모르는 음식물 조각을 떼어준다.

- 이부프로펜 같은 소염진통제를 먹자. 통증과 염증을 완화한다.

- 하루에 몇 번씩 소금물로 입을 헹구면 빨리 낫는다.

- 마그네시아유(걸쭉한 흰색 액체로 된 소화제)를 과감히 발라주면 빨리 아문다. 혀를 치료하는 동안 국부마취제를 발라주면 고통을 덜 수 있다.

- 낫는 동안, 신 음식이나 질감이 거친 음식은 따가울 수 있으니 피해야 한다.

팁

전자레인지에 돌린 음식을 조심하자! 간혹 음식이 고르게 안 데워져서 예상보다 뜨거운 부분이 있을 수 있다.

화상에 대해 알아두기!

설통이라고 불리는 구강 작열감 증후군(Burning mouth syndrome)은 아무 이유 없이 잇몸에 화상을 입은 듯한 통증을 느끼는 증상이다. 이는 만성 통증으로, 뜨거운 음식을 먹지 않아도 생길 수 있다.

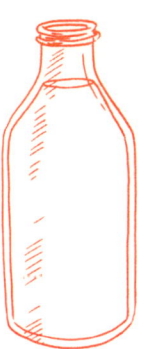

· 음식 다시 받는 법 ·

때로는 무언가 그냥 잘못되기도 한다. 그게 당신이 시킨 요리라면, 주저 말고 돌려보내도록 하자. 공손한 태도로, 실수를 이해해 주자. 잠시 후면 다시 즐거운 식사를 할 수 있다.

1단계

미리 예방하자. 알레르기가 있는가? 아니면 생각만 해도 구역질이 나는 버섯이 있는가? 종업원에게 미리 말하도록 한다. 목숨을 위협할 정도로 알레르기가 심하다면 주방에 미리 알려서 당신에게 맞는 음식을 준비하게 한다. 요즘 손님 중에는 필레 미뇽(안심 스테이크)이 버섯 소스와 함께 있는 꼴을 못 보는 사람도 많아서 조리방법을 바꿔주는 식당도 더러 있다.

2단계

요리를 잘 살피고 세 입 이상은 먹지 않는다. 조리가 잘못됐으면 다시 해달라고 요구한다(너무 익거나, 덜 익거나, 주문대로 하지 않았을 때). 맛이 문제라면(생선을 좋아하지 않아도 연어를 시킬 때가 있다) 종업원이 다른 음식을 제안해 줄 수도 있고, 아닐 수도 있다.

3단계

조용히 종업원을 불러 잘못된 부분을 설명하자. 그 사람은 잘못이 없다는 걸 명심해야 한다.

4단계

여기부터 다양한 반응이 나올 수 있다.

- 먹던 요리를 종업원이 주방에 돌려보내 다시 조리한다.

- 종업원이 주방에 말해 처음부터 다시 만든다.

- 다른 음식을 주문하다.

- 다시 만든 음식도 마음에 안 들고 대체할 메뉴도 없어, 음식값을 내지 않는다.

5단계

음식이 새로 나오면 잘 살펴본 뒤 조금만 먹어 본다. 문제가 해결됐는가? 됐다면 다행이다. 즐기자! 해결이 안 됐다면 공손하게, 그러나 이번에는 조금 단호하게 종업원에게 알린다. 지배인이 문제를 논의하기 위해 테이블에 올 거다.

6단계

공손하게, 그리고 이해심을 가지고 말해야 한다는 걸 기억하자. 순전히 종업원의 잘못으로 벌어진 일이 아니라면 팁을 깎아선 안 된다. 음식값을 내지 않게 된 경우에는 이미 총금액에서 내 메뉴가 빠지기 때문에 팁도 줄어들게 된다.

• 목이 막혔을 때 혼자 대처하는 법 •

아주 중요한 정보지만 쓸 일은 없기 바란다.

> **1단계**

대비한다. 심폐소생술(CPR)과 하인리히 구명법 수업을 듣자. 영상을 보고 방법을 연구한다. 당신이 구조원이든 데이터 분석가든 이런 종류의 구명 훈련은 누구에게나 유용하다. 언제 어디서 무슨 일이 생길지 누가 알겠는가. 아이들과 보내는 시간이 많다면, 아이들에게 초점을 맞춘 구명 훈련을 따로 받도록 하자. 어른에게 하는 구명법과 다르다.

> **2단계**

침착해야 한다. 갑자기 기도가 막히면 당황하기 쉽지만 침착해야 내 생명을 구하기도 쉬워진다.

> **3단계**

기침을 해보라. 할 수 있다면, 아직 공기가 통하는 상태다. 기침을 통해 기도를 막은 물질을 제거할 수도 있다.

> **4단계**

주변 사람들의 주의를 끌어야 한다. 말을 하거나 소리를 낼 수 없다면 주변의 모든 걸 활용해 시선을 끌도록 한다. 손으로 목 앞에 X자를 만들면 "목이 막혔어요."라는 보편적인 신호가 된다.

> **5단계**

주위에 아무도 없으면 스스로 하인리히 구명법을 해보자. 미네소타에 있는 세계최대 규모의 메이요 의료원은 다음과 같이 설명한다. "즉시 911이나 지역 구급 전화번호에 연결한다. 그리고 복부 압박술로 이물질을 빼낸다. 배꼽보다 약간 위에 주먹을 놓고, 다른 손으로 그 주먹을 감싼 다음 아래에서 위로 복부를 압박한다. 주먹 대신 의자나 계산대 같은 단단한 지지대에 몸을 구부려 복부를 대고 해도 된다."

> **6단계**

이물질이 나오거나 구급대가 올 때까지 반복한다.

심폐소생술에 대해 알아두기!

지역 병원이나, 대학교, 미국 적십자 같은 곳에서 하는 구급법 강좌를 찾아보자. 인터넷을 통해 미국심장협회에서 제공하는 지역 강좌를 찾아도 된다. 이런 수업들은 한두 시간이면 충분하고 수업료도 비싸지 않다. 어떤 금액을 치르더라도 직접 쓸 일이 한 번이라도 생기면 그 가치를 충분히 발휘하게 된다.

"대비하자."

- 스카우트 공식 표어